政府采购行政裁决指导性案例
解读汇编

政府采购行政裁决指导性案例编写组　主编

中国财经出版传媒集团
经济科学出版社
Economic Science Press

图书在版编目（CIP）数据

政府采购行政裁决指导性案例解读汇编 / 政府采购行政裁决指导性案例编写组主编 . —北京：经济科学出版社，2020.5（2024.2 重印 ）

ISBN 978-7-5218-1534-4

Ⅰ．①政… Ⅱ．①政… Ⅲ．①政府采购制度-行政执法-案例-汇编-中国 Ⅳ．①D922.205

中国版本图书馆CIP数据核字（2020）第073939号

责任编辑：殷亚红
责任校对：郑淑艳
责任印制：邱　天

政府采购行政裁决指导性案例解读汇编
政府采购行政裁决指导性案例编写组　主编
经济科学出版社出版、发行　新华书店经销
社址：北京市海淀区阜成路甲28号　邮编：100142
总编部电话：010-88191217　发行部电话：010-88191522
网址：www.esp.com.cn
电子邮箱：esp@esp.com.cn
天猫网店：经济科学出版社旗舰店
网址：http://jjkxcbs.tmall.com
固安华明印业有限公司印装
710×1000　16开　21.75印张　200000字
2020年5月第1版　2024年2月第3次印刷
ISBN 978-7-5218-1534-4　定价：68.00元
（图书出现印装问题，本社负责调换。电话：010-88191545）
（版权所有　侵权必究　打击盗版　举报热线：010-88191661
QQ：2242791300　营销中心电话：010-88191537
电子邮箱：dbts@esp.com.cn）

编者序

《中华人民共和国政府采购法》自2003年1月1日实施以来，初步形成了以法和条例为统领，以部门规章为依托的政府采购法律体系，但相关法规制度仍存在一些不清晰、不明确之处。同时，政府采购行政裁决专业化机制建设相对滞后，各级财政部门、行政复议机关和人民法院对相关法律法规的认识和判断不一。

为此，财政部从2017年开始，参照国际上"成文法国家搞判例、判例法国家搞成文"的监管趋势，在各部委中率先公开发布三批政府采购行政裁决指导性案例。通过以案释法，将违法违规行为进行类型化梳理，统一处理处罚标准，压缩自由裁量权，具有很强的引领性、示范性，取得了良好的社会效果。

本书收录了2017~2019年共计32个政府采购行政裁决指导性案例及解读。这些案例类型多样，紧扣当前相关领域改革方向，能够反映政府采购支持民营企业和创新型企业发展、降低市场主体交易成本、优化营商环境等政策导向，对政府采购从业者有很强的借鉴和参考价值。本书部分内容来源于中国政府采购报的"政府采购行政裁决指导性案例"及"专家解读"，书中援引的法律法规和规范性文件均源自中华人民共和国中央人民政府官网、最高人民法院官网、财政部官网。

  希望本书能够为政府采购从业者提供权威和系统的指导，从而纠正法律法规落实的执行偏差，为推进政府采购执法标准化建设以及切实维护政府采购市场秩序贡献力量。

编 者

2020年3月

目 录

案例 1　XX监控系统采购项目投诉案 ………………………… 1

案例 2　XX信息服务云平台采购项目投诉案 ………………… 9

案例 3　XX注册与备案管理系统项目投诉案 ………………… 17

案例 4　XX物业消防运行服务项目举报案 …………………… 30

案例 5　XX网络建设工程项目投诉案 ………………………… 40

案例 6　XX设备购置采购项目举报案 ………………………… 50

案例 7　XX无线网络系统扩容采购项目举报案 ……………… 58

案例 8　XX系统通用硬件采购项目投诉案 …………………… 64

案例 9　XX仓库资格招标项目投诉案 ………………………… 69

案例 10　XX体系采购项目投诉案 ……………………………… 79

案例 11　H医院超声影像管理系统采购项目投诉案 …………… 87

案例 12　Z歌剧院舞美灯光设备采购项目举报案 ……………… 96

案例 13　Y气象台气象观测与信息一体化平台项目投诉案 …… 105

案例 14　A采购中心新闻宣传设备及耗材采购项目投诉案 …… 115

案例15	D大学智慧校园软件平台采购项目举报案…………	122
案例16	X医院医疗设备采购项目投诉案……………………	132
案例17	A单位办公楼物业管理服务项目投诉案……………	143
案例18	D大学校园网基础设施改造更新工程项目举报案……	155
案例19	A单位2017年度8.28万人份HLA分型检测服务采购项目投诉案…………………………………	170
案例20	A检察院机房空调升级改造项目举报案……………	176
案例21	J大学T校区车辆识别系统项目投诉案 ……………	181
案例22	C大学游泳馆泳池设备采购项目投诉案……………	201
案例23	K单位X光机采购项目投诉案………………………	217
案例24	J单位新闻策划支持系统软件开发项目举报案 ……	230
案例25	L研究所研究仪器设备购置项目投诉案……………	241
案例26	M研究院空调及电力改造项目投诉案 ……………	254
案例27	M中心防吸附气体采样袋及附件采购项目投诉案……	264
案例28	Z研究所修缮购置实验仪器采购项目举报案………	283
案例29	X厅信息应用平台采购项目投诉案…………………	292
案例30	S医院手术室数字化管理系统采购项目举报案………	303
案例31	S局智能安检系统采购项目投诉案…………………	317
案例32	X局监管系统项目投诉案……………………………	327

案例 1

XX 监控系统采购项目投诉案

关键词

诚实信用原则　虚假材料　主观方面　谋取中标

案例要点

诚实信用是《中华人民共和国政府采购法》确立的基本原则之一，政府采购各方当事人均应遵循。供应商本着诚实信用原则参与政府采购活动，应当对提供材料的真实性负责，不得提供虚假材料谋取中标。

供应商在投标文件中提供的材料，与原始材料不一致又无法作出合理解释，严重影响评标委员会判断的，属于《中华人民共和国政府采购法》第七十七条第一款第（一）项规定的"提供虚假材料谋取中标"的情形。

供应商的员工在投标活动中的行为代表供应商，其行为的法律后果由供应商承受。

案例详情

基本案情

采购人A委托代理机构G就该单位XX监控系统采购项目（以下简称本项目）进行公开招标。2016年11月17日，代理机构G发布招标公告，此后组织了开标、评标工作。经过评审，评审委员会推荐S公司为中标候选人。采购人确认后，代理机构G于2016年12月14日发布中标公告，中标供应商为S公司。2016年12月21日，投诉人提出质疑。

2017年1月4日，供应商Z公司向财政部提起投诉，称S公司所投产品的制造商M公司不能生产该产品。

财政部依法受理本案，审查中发现，S公司所投产品的制造商是H公司，不是M公司。据此，财政部对本案作出投诉处理决定。后Z公司不服该处理决定，提起复议。复议机关维持了该处理决定。

财政部另查明，S公司投标文件中提供的所投产品的检验报告与检验报告出具单位提供的检验报告存档件的多项内容不一致，且不一致内容均为招标文件所要求的重要指标。对此，财政部依法启动了监督检查程序，审查终结后向S公司送达了《财政部行政处罚事项告知书》。对此，S公司在法定期限内提出了听证申请，称其投标文件中提供的检验报告是其员工篡改的，属于个人行为，S公司对此并不知情,且 S 公司已对相关责任人员进行了处理。财政部依法组织了听证会,经审查,认为 S 公司的辩解不成立,依法作出处罚决定。

处理结果

财政部对本投诉案作出处理决定:因投诉事项缺乏事实依据,驳回投诉。

财政部对另查明的情况作出监督检查处理决定:根据《中华人民共和国政府采购法》第七十七条第二款的规定,决定中标无效。鉴于去除 S 公司后,对招标文件作实质响应的供应商不足三家,根据《中华人民共和国政府采购法》第三十六条第一款第(一)项的规定,责令采购人废标,并重新开展采购活动。

财政部对 S 公司的相关违法行为作出处罚决定:根据《中华人民共和国政府采购法》第七十七条第一款第(一)项的规定,对 S 公司作出采购金额千分之五的罚款,列入不良行为记录名单,一年内禁止参加政府采购活动的行政处罚。

处理理由

财政部认为,投标文件中提供的产品检验报告与检验报告出具单位的存档件内容不一致,且不一致的技术指标项包括招标文件规定的实质性条款和评审因素,会对评审委员会的评审行为产生重要影响。本案中,虽然 S 公司称其投标文件中提供的检验报告是其员工篡改的,属于个人行为,S 公司对此并不知情,且 S 公司已对相关责任人员进行了处理。但是，投标主体为S公司，投标文件盖有S公司的公章，其员工的投标行为代表公司。因此，S公司的申辩理由不能成立，其上述行为属于《中华人民共和国政府采购法》第七十七条第一款第（一）项规定的提供虚假材料谋取中标的情形。

相关依据[①]

《中华人民共和国政府采购法》第三条、第三十六条、第七十七条

第三条　政府采购应当遵循公开透明原则、公平竞争原则、公正原则和诚实信用原则。

第三十六条　在招标采购中，出现下列情形之一的，应予废标：

（一）符合专业条件的供应商或者对招标文件作实质响应的供应商不足三家的；

（二）出现影响采购公正的违法、违规行为的；

（三）投标人的报价均超过了采购预算，采购人不能支付的；

（四）因重大变故，采购任务取消的。

废标后，采购人应当将废标理由通知所有投标人。

---

① 本书案例1~案例20中列明的"相关依据"均为作出裁决时所依据的法律法规和规范性文件，部分内容已被废止或失效。全书这一情况不再单独标注。

第七十七条　供应商有下列情形之一的，处以采购金额千分之五以上千分之十以下的罚款，列入不良行为记录名单，在一至三年内禁止参加政府采购活动，有违法所得的，并处没收违法所得，情节严重的，由工商行政管理机关吊销营业执照；构成犯罪的，依法追究刑事责任：

（一）提供虚假材料谋取中标、成交的；

（二）采取不正当手段诋毁、排挤其他供应商的；

（三）与采购人、其他供应商或者采购代理机构恶意串通的；

（四）向采购人、采购代理机构行贿或者提供其他不正当利益的；

（五）在招标采购过程中与采购人进行协商谈判的；

（六）拒绝有关部门监督检查或者提供虚假情况的。

供应商有前款第（一）至（五）项情形之一的，中标、成交无效。

案例讲解

（一）供应商参与政府采购活动应当遵循诚实信用原则[①]

参与政府采购活动的供应商作为向国家机关、事业单位和团体组织提供货物、服务和工程的直接主体，应当遵循诚实信用原则，

---

① 参见《案例二十九：差之毫厘的参数　失之千里的代价》，中国政府采购网，2017年4月28日，http://www.ccgp.gov.cn/aljd/201704/t20170428_8174152.htm。

维护政府采购市场良好秩序，从而保证国家利益和社会公共利益不受损害。

响应文件是对采购文件的响应和承诺，代表供应商的信誉，且有可能成为签订政府采购合同的重要依据。因此，供应商在制作响应文件时负有审慎的义务，不能有丝毫的马虎和懈怠，也不能存有侥幸心理。否则，不仅与采购合同无缘，可能还要承担相应的法律责任。

实践中，存在这种情况：招标文件明确要求投标产品需满足某项功能指标，供应商在其投标文件中故意删除该项指标，并在技术规范偏离表中作"无偏离"响应，也未予以备注明示，且在财政部门处理过程中亦无法证明投标产品满足该功能指标要求。因投标文件对于招标文件技术规范要求有无偏差是评标得分的重要依据，供应商上述行为构成对招标文件的虚假响应，不属于《政府采购货物和服务招标投标管理办法》（财政部令第87号）[①]中规定的对招标文件中含义不明确、同类问题表述不一致、有明显文字、计算错误、投标文件报价出现前后不一致等情形，而属于提供虚假材料谋取中标的情形。

诚实信用原则是供应商的生存之本，提供产品的真实数据参数

[①] 本书案例1~案例32均引用2020年3月份有效的法律法规和规范性文件进行分析。全书这一情况不再单独标注。

是对供应商最基本的要求。产品的技术参数是产品性能的说明，直接决定着产品能否满足采购人的实际需求。如果供应商凭借虚假响应获得成交资格，一方面剥夺了其他供应商的成交机会，造成对其他供应商的不公；另一方面也使得采购人无法获得真正符合要求的产品，造成对其合法权益的损害。

（二）行政机关在作出行政处罚决定前应依法履行告知义务

《中华人民共和国行政处罚法》第三十一条规定，行政机关在作出行政处罚决定之前，应当告知当事人作出行政处罚决定的事实、理由及依据，并告知当事人依法享有的权利。

对于听证程序的适用范围，根据《中华人民共和国行政处罚法》第四十二条的规定，听证程序适用于责令停产停业、吊销许可证照以及较大数额罚款等行政处罚种类。根据最高人民法院《关于没收财产是否应当进行听证及没收经营药品行为等有关法律问题的答复》（〔2004〕行他字第1号）的有关内容，行政机关作出没收较大数额财产的行政处罚决定前，也应告知当事人有权要求举行听证。《财政机关行政处罚听证实施办法》（财政部令第23号）第六条进一步规定了财政机关应当告知当事人有要求举行听证的权利的八种情形，其中包括取消政府采购业务代理资格、较大数额罚款的情形。

根据上述规定，《中华人民共和国政府采购法》第七十七条规定的"列入不良行为记录名单"及"在一至三年内禁止参加政府采购活动"不属于应当进行听证的情形。一般来说,在政府采购活动中,被处罚的当事人有权要求进行听证的情形包括:一是被处以罚款、没收违法所得达到数额较大标准;二是政府采购业务代理资格被取消;三是被吊销营业执照。如不符合上述规定,也不存在其他法律法规规定应举行听证的情形,则行政机关没有告知当事人有权要求进行听证的义务。

案例 2

XX信息服务云平台采购项目投诉案

关键词

偷拍　非法手段　依法投诉

案例要点

投诉是《中华人民共和国政府采购法》确立的保护供应商合法权益的重要途径之一，但投诉应依法进行。

投诉人用通过偷拍、偷录、窃听等违反法律禁止性规定或者侵犯他人合法权益的方法取得的材料进行投诉，严重破坏政府采购秩序的，属于《中华人民共和国政府采购法实施条例》第五十七条规定的以非法手段取得证明材料进行投诉的情形，应当依照《中华人民共和国政府采购法实施条例》第五十七条、第七十三条的规定予以处理。

案例详情

基本案情

采购人A委托代理机构Z就该单位XX信息服务云平台（以下简称本项目）进行公开招标。2016年3月10日，代理机构Z发布招标公告，此后组织了开标、评标工作。经过评审，评标委员会推荐G公司为中标供应商。2016年4月1日，代理机构发布中标公告。2016年4月1日，T公司向代理机构Z提出质疑。2016年4月8日，代理机构Z答复质疑。

2016年5月4日，T公司向财政部提起投诉，投诉事项为：（1）代理机构Z确定G公司为中标供应商，没有体现招标文件关于投标软件应优先选择具有自主知识产权的软件的规定。（2）评审专家严重低估了T公司在本项目相关行业中的巨大优势。（3）T公司报价低、技术高，G公司报价高，且是在开标前两天才在经营范围中加入软件开发这一经营项目，没有承接本项目的能力。

G公司称：招标文件中没有具有自主知识产权的字样，投诉没有事实依据；其具有PPP运营模式的优势，可整合全国各地本行业的资源，打造面向全国的本行业数字信息服务云平台；营业执照里软件开发的增项无需任何前置或后续的审批手续，不存在超范围经营的问题，且其也具有开发软件的能力和搭建平台的实力。同时，T公司投诉所使用的事实证据是其非法偷拍的投标文件，虽然T公司通过技术手段模糊化处理了大部分的内容，但是可以看出该证据的页眉、投标文件的骑缝章以及投标文件翻页等内容与其投标文件一致。

代理机构Z称：G公司在投标文件中提供了5份由国家版权局颁发的《计算机软件著作权登记证书》，说明其软件具有自主知识产权；评标委员会是根据招标文件确定的评标办法和评分细则，依据各投标人提交的投标文件逐项进行评审的，不存在评审不公的问题；本项目评标方法是综合评分法，T公司总分得分低于G公司，且G公司在投标文件中提供了完成类似项目的业绩证明材料，证明其具有实现本项目的能力。

投诉处理过程中，因T公司涉嫌以非法手段取得证明材料进行投诉，财政部启动了进一步调查取证程序，请T公司就证据材料来源问题进行说明。T公司的答复材料显示，2016年4月13日下午2点，其工作人员按约前往代理机构Z提交第二次质疑函，到达代理机构Z后联系X老师，但他因临时有急事外出且下午无法赶回办公室，遂在电话沟通中应X老师意见，将第二次质疑函放置在他办公桌上，在这一过程中，其工作人员无意看到桌上中标单位的标书，出于好奇，所以看到了合同内容。

处理结果

财政部依法作出投诉处理决定：根据《政府采购供应商投诉处

理办法》（财政部令第 20 号）第十七条第二项规定，投诉事项（1）、（2）、（3）缺乏事实依据，驳回投诉。

对于 T 公司以非法手段取得证明材料进行投诉的行为，根据《中华人民共和国政府采购法实施条例》第七十三条的规定，对 T 公司作出列入不良行为记录名单，一年内禁止参加政府采购活动的行政处罚。

处理理由

财政部认为：关于投诉事项（1），本项目招标文件中没有投标软件应优先选择具有自主知识产权的软件的规定，G 公司投标文件中提供的软件著作权登记证书取得方式为原始取得，证明其具有自主知识产权。投诉事项（1）缺乏事实依据。

关于投诉事项（2），该项总分为 5 分，G 公司得分为 3.8 分，T 公司获得第二高的得分，为 3.2 分，未发现评审专家未按评审标准进行评分的情形。投诉事项（2）缺乏事实依据。

关于投诉事项（3），本项目采用综合评分法，评审专家对 T 公司投标报价的评分符合评审标准。同时，在招标文件供应商资格中未规定参加投标的供应商的经营范围中必须具有软件开发项，G 公司也提供了证明其具有承接本项目能力的业绩证明。投诉事项（3）缺乏事实依据。

此外，根据政府采购法律法规的相关规定，投诉人不需承担完备举证的责任。财政部门在投诉处理期间，可以依行政职权要求采购人、采购代理机构提供投诉人无法掌握的证明材料，即对于投诉人依法不应当获取的保密信息，可以通过财政部调查还原。而本案中，T公司获得G公司投标文件的方式是在代理机构Z的工作人员不在办公室时，对其办公桌上的投标文件进行偷拍取得的，T公司投诉使用的证明材料为偷拍的G公司的投标文件。除开标和中标时公开的内容外，G公司投标文件中的其他内容并未对外公开。由于T公司是在代理机构Z的办公室这一私密空间获取相关材料，且未获得G公司的许可，其行为构成《中华人民共和国政府采购法实施条例》第五十七条规定的以非法手段取得证明材料进行投诉的情形。

相关依据

《中华人民共和国政府采购法实施条例》第五十七条、第七十三条

第五十七条 投诉人捏造事实、提供虚假材料或者以非法手段取得证明材料进行投诉的，财政部门应当予以驳回。

财政部门受理投诉后，投诉人书面申请撤回投诉的，财政部门应当终止投诉处理程序。

第七十三条　供应商捏造事实、提供虚假材料或者以非法手段取得证明材料进行投诉的，由财政部门列入不良行为记录名单，禁止其1至3年内参加政府采购活动。

《政府采购供应商投诉处理办法》（财政部令第20号）第十七条

第十七条　财政部门经审查，对投诉事项分别作出下列处理决定：

（一）投诉人撤回投诉的，终止投诉处理；

（二）投诉缺乏事实依据的，驳回投诉；

（三）投诉事项经查证属实的，分别按照本办法有关规定处理。

案例讲解

（一）质疑、投诉程序的基本举证责任分配规则[①]

《政府采购质疑和投诉办法》（财政部令第94号）第二十五条规定，应当由投诉人承担举证责任的投诉事项，投诉人未提供相关证据、依据和其他有关材料的，视为该投诉事项不成立；被投诉人未按照投诉答复通知书要求提交相关证据、依据和其他有关材料的，

---

① 参见王健：《论质疑投诉制度的性质及其对程序的影响》，载于《中国政府采购》2018年第3期。

视同其放弃说明权利，依法承担不利后果。该规定与《中华人民共和国民事诉讼法》规定的"谁主张、谁举证"的举证责任分配原则基本一致。

实践中，对政府采购质疑、投诉过程中证据规则适用应注意以下几点：一是采购人、代理机构在质疑答复程序中，不具有调查取证的权力，也不承担相应法律责任。二是根据《政府采购质疑和投诉办法》（财政部令第94号）第十八条的规定，投诉书内容应当包括相应的事实依据，供应商投诉时未提交事实依据的，财政部门应根据《政府采购质疑和投诉办法》（财政部令第94号）第二十一条第（一）项的规定要求补正，未按照补正期限进行补正或者补正后仍不符合规定的不予受理。三是投诉人不需承担完备的举证责任，对于无法自行取证的，应提交相关的证据线索，由财政部门调查取证；财政部门在认为有必要时，也可以自行调查取证。

（二）虚假、恶意投诉的法律责任

质疑、投诉是供应商依法享有的一项重要程序权利，是供应商在合法权益遭受损害时寻求权利救济的重要手段。质疑和投诉权利的行使，对于监督政府采购活动依法进行，维护政府采购秩序也具有重要意义。但实践中出现了一些供应商滥用质疑、投诉权利的行为，不仅会损害其他供应商的合法权益，而且会妨碍政府采购秩序和降低政府采购效率。虚假、恶意投诉还会无端增加行政监管成本,虚耗财政部门有限的政府采购监管资源。因此,供应商提出质疑、提起投诉应当依法依规进行。

为防止实践中出现的有些供应商无休止地恶意反复质疑的问题,《政府采购质疑和投诉办法》(财政部令第94号)第十条第二款规定,采购文件可以要求供应商在法定质疑期内一次性提出针对同一采购程序环节的质疑。在采购文件规定的前提下,采购人、代理机构可以拒收不符合采购文件规定的质疑。同时,《政府采购质疑和投诉办法》(财政部令第94号)在《中华人民共和国政府采购法实施条例》的基础上,进一步明确了投诉人捏造事实或者提供虚假材料、以非法手段取得证明材料的,财政部门应当驳回投诉,并将投诉人列入不良行为记录名单,禁止其1~3年内参加政府采购活动。

案例 3

XX 注册与备案管理系统项目投诉案

关键词

重新评审　　法定资质　　资格条件

案例要点

评审结束之后，采购人应当在评审报告推荐的中标或成交候选人中按顺序确定中标或成交供应商。除财政部规定的情形外，采购人、代理机构不得以任何理由组织重新评审。采购人认为排名第一的中标或成交候选人不符合招标文件要求的，应当在《中华人民共和国政府采购法实施条例》规定的确定中标或成交供应商期限届满之前，书面报告本级财政部门。未经本级财政部门同意，采购人自行确定其他供应商为中标或成交供应商的行为违反了《中华人民共和国政府采购法实施条例》第四十三条的规定，财政部门应当认定采购行为违法，并责令采购人重新开展采购活动。

国家明令取消的行政审批项目企业资质与合同履行无关，不得将其作为供应商资格条件，采购文件作出此类规定的，构成对供应商实行差别待遇或者歧视待遇的情形。

案例详情

基本案情

采购人A委托代理机构B就该单位XX注册与备案管理系统项目（以下简称本项目）进行公开招标。2016年7月27日，代理机构B发布招标公告，此后组织了开标、评标。经过评审，评标委员会推荐综合排名第一的T公司为第一中标候选人。采购人A拒绝对评标结果进行确认，并自行决定排名第二的E公司为中标供应商，代理机构B于2016年10月13日发布了中标供应商为E公司的中标公告。2016年10月17日，T公司向代理机构B提出质疑。

2016年11月10日，T公司向财政部提起投诉。T公司称：在本项目中，其是评标委员会推荐的第一中标候选人，采购人A直接决定其他候选人作为中标供应商的行为违法。此外，T公司还表示，其在质疑时提出招标文件将计算机信息系统集成贰级以上资质作为资格条件属于以不合理条件对供应商实行差别待遇或歧视待遇的问题，但代理机构B以该质疑事项超期为由拒绝答复。

采购人A称：T公司投标文件中使用的是其子公司M公司的业绩，且T公司有不良信用记录，因此其拒绝确定T公司为中标供应商。

代理机构B称：采购人A以T公司业绩是其子公司M公司的业绩为由，未在法定期限内确定中标供应商，在要求复审被拒后直接确定了排名第二的E公司为中标供应商，并要求代理机构B以E公司为中标供应商发布中标公告。代理机构B按采购人A的要求发布了中标公告。期间，T公司向代理机构B去函表示已控股M公司，并完成了财务报表合并，M公司现在是其行政事业部。T公司关于招标文件将计算机信息系统集成贰级以上资质作为资格条件的质疑已经超过法定期限。

财政部在审查中发现，本项目招标文件要求投标人需具备计算机系统集成贰级（含）以上资质；评标细则规定，综合考虑投标人过去3年（2013年1月至今）在食品、药品行业领域有软件开发项目业绩，每提供一个业绩得1分，本项最高得5分。T公司的投标文件中共提供了24份合同复印件，其中23份合同的当事人为M公司。企业信用信息网显示，T公司和M公司的法定代表人不是同一人。

处理结果

财政部作出投诉及监督检查处理决定：根据《中华人民共和国政

府采购法实施条例》第四十三条和《政府采购供应商投诉处理办法》（财政部令第20号）第十七条第（三）项的规定，投诉事项成立。

根据《中华人民共和国政府采购法》第二十二条，第三十六条第一款第（二）项，《中华人民共和国政府采购法实施条例》第二十条，《政府采购供应商投诉处理办法》（财政部令第20号）第十九条第一款第（一）项和《政府采购促进中小企业发展暂行办法》（财库〔2011〕181号）第三条的规定，决定采购活动违法，责令采购人A废标，修改招标文件后重新开展采购活动。

根据《中华人民共和国政府采购法》第七十一条第（三）项、《中华人民共和国政府采购法实施条例》第六十七条第（三）项的规定，责令采购人A对未在法定期限内在评审报告推荐的中标候选人中按顺序确定中标供应商和对供应商实行差别待遇或者歧视待遇的行为限期改正，并对其作出警告的行政处罚。

根据《中华人民共和国政府采购法》第七十一条第（三）项的规定，责令代理机构B就对供应商实行差别待遇或者歧视待遇的行为限期改正，并对其作出警告的行政处罚。

处理理由

财政部认为：虽然T公司提供的24份业绩合同中，有23份是M公司的，且企业信用信息网显示，M公司与T公司是两个独立的法人，M公司的业绩不能等同于T公司的业绩，但根据《中华人民共和国政府采购法实施条例》第四十四条和《财政部关于进一步规范政府采购评审工作有关问题的通知》(财库〔2012〕69号)的规定,除财政部规定的情形外,采购人、代理机构不得以任何理由组织重新评审或自行确定其他中标或成交供应商。本案中,采购人应将所发现的问题书面报告财政部,其自行确定综合排名第二的E公司为中标供应商的行为违反了《中华人民共和国政府采购法实施条例》第四十三条。

关于招标文件将计算机信息系统集成贰级以上资质作为资格条件是否属于以不合理条件对供应商实行差别待遇或歧视待遇的问题,虽然此问题不在投诉事项内,但考虑到该资质已被国务院明令取消,财政部针对此问题依法启动了监督检查程序。国务院在2014年1月28日《国务院关于取消和下放一批行政审批项目的决定》中,明确取消了计算机信息系统集成企业资质认定项目条件,即该资质不再是法定资质,将这一资质作为资格性条款的行为,违反了《中华人民共和国政府采购法》第二十二条和《政府采购促进中小企业发展暂行办法》(财库〔2011〕181号)第三条的规定,构成《中华人民共和国政府采购法实施条例》第二十条规定的对供应商实行差别待遇或者歧视待遇的情形。

相关依据

《中华人民共和国政府采购法》第二十二条、第三十六条、第七十一条

第二十二条 供应商参加政府采购活动应当具备下列条件：

（一）具有独立承担民事责任的能力；

（二）具有良好的商业信誉和健全的财务会计制度；

（三）具有履行合同所必需的设备和专业技术能力；

（四）有依法缴纳税收和社会保障资金的良好记录；

（五）参加政府采购活动前三年内，在经营活动中没有重大违法记录；

（六）法律、行政法规规定的其他条件。

采购人可以根据采购项目的特殊要求，规定供应商的特定条件，但不得以不合理的条件对供应商实行差别待遇或者歧视待遇。

第三十六条 在招标采购中，出现下列情形之一的，应予废标：

（一）符合专业条件的供应商或者对招标文件作实质响应的供应商不足三家的；

（二）出现影响采购公正的违法、违规行为的；

（三）投标人的报价均超过了采购预算，采购人不能支付的；

（四）因重大变故，采购任务取消的。

废标后，采购人应当将废标理由通知所有投标人。

第七十一条 采购人、采购代理机构有下列情形之一的，责令限期改正，给予警告，可以并处罚款，对直接负责的主管人员和其他直接责任人员，由其行政主管部门或者有关机关给予处分，并予通报：

（一）应当采用公开招标方式而擅自采用其他方式采购的；

（二）擅自提高采购标准的；

（三）以不合理的条件对供应商实行差别待遇或者歧视待遇的；

（四）在招标采购过程中与投标人进行协商谈判的；

（五）中标、成交通知书发出后不与中标、成交供应商签订采购合同的；

（六）拒绝有关部门依法实施监督检查的。

《中华人民共和国政府采购法实施条例》第二十条、第四十三条、第六十七条

第二十条 采购人或者采购代理机构有下列情形之一的，属于以不合理的条件对供应商实行差别待遇或者歧视待遇：

（一）就同一采购项目向供应商提供有差别的项目信息；

（二）设定的资格、技术、商务条件与采购项目的具体特点和实际需要不相适应或者与合同履行无关；

（三）采购需求中的技术、服务等要求指向特定供应商、特定产品；

（四）以特定行政区域或者特定行业的业绩、奖项作为加分条件或者中标、成交条件；

（五）对供应商采取不同的资格审查或者评审标准；

（六）限定或者指定特定的专利、商标、品牌或者供应商；

（七）非法限定供应商的所有制形式、组织形式或者所在地；

（八）以其他不合理条件限制或者排斥潜在供应商。

第四十三条 采购代理机构应当自评审结束之日起2个工作日内将评审报告送交采购人。采购人应当自收到评审报告之日起5个工作日内在评审报告推荐的中标或者成交候选人中按顺序确定中标或者成交供应商。

采购人或者采购代理机构应当自中标、成交供应商确定之日起2个工作日内，发出中标、成交通知书，并在省级以上人民政府财政部门指定的媒体上公告中标、成交结果，招标文件、竞争性谈判文件、询价通知书随中标、成交结果同时公告。

中标、成交结果公告内容应当包括采购人和采购代理机构的名称、地址、联系方式，项目名称和项目编号，中标或者成交供应商名称、地址和中标或者成交金额，主要中标或者成交标的的名称、规格型号、数量、单价、服务要求以及评审专家名单。

第六十七条 采购人有下列情形之一的，由财政部门责令限期改正，给予警告，对直接负责的主管人员和其他直接责任人员依法给予处分，并予以通报：

（一）未按照规定编制政府采购实施计划或者未按照规定将政府采购实施计划报本级人民政府财政部门备案；

（二）将应当进行公开招标的项目化整为零或者以其他任何方式规避公开招标；

（三）未按照规定在评标委员会、竞争性谈判小组或者询价小组推荐的中标或者成交候选人中确定中标或者成交供应商；

（四）未按照采购文件确定的事项签订政府采购合同；

（五）政府采购合同履行中追加与合同标的相同的货物、工程或者服务的采购金额超过原合同采购金额10%；

（六）擅自变更、中止或者终止政府采购合同；

（七）未按照规定公告政府采购合同；

（八）未按照规定时间将政府采购合同副本报本级人民政府财政部门和有关部门备案。

《政府采购供应商投诉处理办法》（财政部令第20号）第十七条、第十九条

第十七条　财政部门经审查，对投诉事项分别作出下列处理决定：

（一）投诉人撤回投诉的，终止投诉处理；

（二）投诉缺乏事实依据的，驳回投诉；

（三）投诉事项经查证属实的，分别按照本办法有关规定处理。

第十九条　财政部门经审查，认定采购文件、采购过程影响或者可能影响中标、成交结果的，或者中标、成交结果的产生过程存在违法行为的，按下列情况分别处理：

（一）政府采购合同尚未签订的，分别根据不同情况决定全部或者部分采购行为违法，责令重新开展采购活动；

（二）政府采购合同已经签订但尚未履行的，决定撤销合同，责令重新开展采购活动；

（三）政府采购合同已经履行的，决定采购活动违法，给采购人、投诉人造成损失的，由相关责任人承担赔偿责任。

《财政部关于进一步规范政府采购评审工作有关问题的通知》（财库〔2012〕69号）关于严肃政府采购评审工作纪律方面的规定

评审结果汇总完成后，采购人、采购代理机构和评审委员会均不得修改评审结果或者要求重新评审，但资格性检查认定错误、分值汇总计算错误、分项评分超出评分标准范围、客观分评分不一致、经评审委员会一致认定评分畸高、畸低的情形除外。出现上述除外情形的，评审委员会应当现场修改评审结果，并在评审报告中明确记载。

《政府采购促进中小企业发展暂行办法》(财库〔2011〕181号)第三条

第三条　任何单位和个人不得阻挠和限制中小企业自由进入本地区和本行业的政府采购市场,政府采购活动不得以注册资本金、资产总额、营业收入、从业人员、利润、纳税额等供应商的规模条件对中小企业实行差别待遇或者歧视待遇。

案例讲解

(一)准确把握并适用"重新评审"

重新评审是指评审结果汇总完成后、采购合同签订前由原评审委员会对供应商响应情况进行再次评审。《中华人民共和国政府采购法实施条例》第四十四条规定,除国务院财政部门规定的情形外,采购人、采购代理机构不得以任何理由组织重新评审。该规定旨在维护评审结果的稳定性,避免个别采购人因不满意评审结果而任意要求评审委员会重新评审,以达到改变评审结果的目的。

《财政部关于进一步规范政府采购评审工作有关问题的通知》(财库〔2012〕69号)规定了包括资格性检查认定错误等5种情形可以重新评审。《政府采购货物和服务招标投标管理办法》(财政部令第87号)第六十四条规定的可以重新评审的4种情形分别为:分值汇总计算错误、分项评分超出评分标准范围、评标委员会成员对客观评审因素评分不一致、经评标委员会认定评分畸高、畸低，不包括资格性检查认定错误。由于《政府采购货物和服务招标投标管理办法》（财政部令第87号）属于部门规章，且出台时间更晚，《财政部关于进一步规范政府采购评审工作有关问题的通知》（财库〔2012〕69号）属于规范性文件，《政府采购货物和服务招标投标管理办法》（财政部令第87号）的法律效力高于《财政部关于进一步规范政府采购评审工作有关问题的通知》（财库〔2012〕69号），在二者规定的内容不一致时，应当以《政府采购货物和服务招标投标管理办法》（财政部令第87号）的规定为准。在《政府采购货物和服务招标投标管理办法》（财政部令第87号）实施之后，在采用公开招标方式采购的项目中，资格性审查错误不再属于重新评审的情形。因此，采购人、代理机构在开展招标投标活动时应当认真开展资格性审查，避免发生错误。

实践中，对除外情形可以修改评审结果或重新评审的具体操作可以分为以下三种：一是在评审过程中，即汇总评审结果前发现的，评审委员会成员应自行复核评审数据，采购人、代理机构工作人员也需对评审数据进行校对、核对，此时评审委员会成员当场修改即可，可以不做记录。二是在汇总评审结果后、未签署评审报告前发现的，采购人、代理机构工作人员应提示评审委员会复核并当场修改，且在评审报告中如实记载修改情况。如果评审委员会或成员认为不需要修改的，应书面说明理由。三是在签署评审报告后发现的，采购人、代理机构应当组织原评审委员会进行重新评审。重新评审改变评审结果的，应当书面报告财政部门。

此外，采购人不得自行改变评审委员会推荐的成交候选人顺序选择成交供应商。如果采购人发现第一成交候选人存在违法行为的，应当书面向本级人民政府财政部门反映。

（二）合法合理设置资格条件

采购人、代理机构可以根据采购项目的特殊要求，规定供应商的特定条件，但不得以不合理的条件对供应商实行差别待遇或者歧视待遇，供应商资格条件的设置应与项目的特殊要求存在关联性。

法定资质指行政许可、国务院予以保留并设定行政许可的行政审批所涉及的资质，此类资质应当作为资格条件，不得作为评分因素。同时，对于国家明令取消的职业资格许可和认定事项，相关证书的申请条件对企业的注册资本金、资产总额、营业收入、从业人员、利润、纳税额等规模条件作出限制的，不得作为供应商资格条件。

非法定资质原则上不得设为资格条件，但同时满足以下条件的除外：（1）与实际需要或者与合同履行直接相关；（2）不涉及供应商的注册资本、资产总额、营业收入、从业人员、利润、纳税额等规模条件；（3）市场保有量充分，不影响充分竞争。

案例 4

XX 物业消防运行服务项目举报案

关键词

资格条件　认证证书　特定金额合同业绩

案例要点

若有关资格许可或认证证书同时满足下述要求，则不属于《中华人民共和国政府采购法实施条例》第二十条规定"以不合理的条件对供应商实行差别待遇或者歧视待遇"的情形：（1）不在国务院取消的行政审批项目目录内；（2）申请条件中没有对企业的注册资本、资产总额、营业收入、从业人员、利润、纳税额等规模条件作出限制；（3）与项目的特殊要求存在实质上的关联性；（4）满足该资格许可或认证证书要求的供应商数量具有市场竞争性。

由于合同金额与营业收入具有直接的关联性，招标文件中将供应商具有特定金额的合同业绩作为资格条件，实质上属于以营业收入排除或限制中小企业进入政府采购市场,构成《中华人民共和国政府采购法》和《中华人民共和国政府采购法实施条例》所规定的"以不合理的条件对供应商实行差别待遇或者歧视待遇"的情形。

案例详情

基本案情

采购人A委托代理机构Z就该单位XX物业消防运行服务项目(以下简称本项目)进行公开招标,项目预算为325万元。2016年9月27日,代理机构Z发布招标公告,后组织了开标、评标工作,共有9家供应商参与投标。经过评审,评标委员会推荐B公司为中标候选人。采购人确认后,2016年10月19日,代理机构Z发布中标公告。

2016年10月14日,财政部收到关于本项目的举报信,来信反映:(1)本项目招标公告的供应商资质要求规定了供应商须具有质量管理体系认证证书、环境管理体系认证证书、职业健康安全管理体系认证证书,上述证书不是国家职能部门颁发的行政许可证,以其作为资格条件属于以不合理的条件对供应商实行差别待遇或歧视待遇的情形。(2)本项目招标公告的供应商资质要求规定,供应商自2013年至2015年须具有1个(含)以上合同金额在100万元(含)

以上物业管理服务业绩，属于以不合理的条件对供应商实行差别待遇或歧视待遇的情形。

财政部依法受理本案，审查中发现，本项目招标文件在供应商资质要求项下确实规定了举报人所反映的内容。对此，代理机构Z称：（1）招标公告要求的三个认证体系证书符合项目本身具有的技术管理特点和实际需要。（2）本项目业绩要求是从项目专业特点和实际需要出发，对供应商是否具有履约基本能力的考核，且要求的业绩的合同金额远低于本项目预算金额。

处理结果

财政部作出监督检查处理决定：根据《中华人民共和国政府采购法》第二十二条第二款的规定，举报事项（1）缺乏事实依据。根据《中华人民共和国政府采购法》第二十二条第二款和《政府采购促进中小企业发展暂行办法》（财库〔2011〕181号）第三条的规定，举报事项（2）成立。

根据《中华人民共和国政府采购法实施条例》第七十一条第（二）项的规定，决定中标无效，责令采购人A重新开展采购活动。

根据《中华人民共和国政府采购法》第七十一条第（三）项的规定，责令采购人A和代理机构Z就以不合理的条件对供应商实行差别待遇或者歧视待遇的行为限期改正，并对采购人A和代理机构Z作出警告的行政处罚。

处理理由

财政部认为：根据《中华人民共和国政府采购法》第二十二条第二款的规定，采购人可以根据采购项目的特殊要求，规定供应商的特定条件，但不得以不合理的条件对供应商实行差别待遇或者歧视待遇。同时，《中华人民共和国政府采购法实施条例》第二十条规定，采购人或者采购代理机构有下列情形之一的，属于以不合理的条件对供应商实行差别待遇或者歧视待遇：（一）就同一采购项目向供应商提供有差别的项目信息；（二）设定的资格、技术、商务条件与采购项目的具体特点和实际需要不相适应或者与合同履行无关；（三）采购需求中的技术、服务等要求指向特定供应商、特定产品；（四）以特定行政区域或者特定行业的业绩、奖项作为加分条件或者中标、成交条件；（五）对供应商采取不同的资格审查或者评审标准；（六）限定或者指定特定的专利、商标、品牌或者供应商；（七）非法限定供应商的所有制形式、组织形式或者所在地；（八）以其他不合理条件限制或者排斥潜在供应商。

本案中，关于举报事项（1），所涉及的质量管理体系认证证书、环境管理体系认证证书、职业健康安全管理体系认证证书不在国务院取消的资格许可和认定事项目录内，且其申请条件中也没有对企业的注册资金、营业收入等经营规模作出限制。同时，本项目服务内容为工作区相关的设施场地维护及消防安防物业管理等，招标文件要求的三个体系认证证书与本项目本身具有的技术管理特点和实际需要存在关联性。另外，参加投标的9家供应商中有6家具备这三个证书。因此，以上述三个认证证书作为资格条件不属于以不合理的条件对供应商实行差别待遇或歧视待遇的情形。

关于举报事项（2），一是采购人和代理机构有多种方式可以实现对供应商履约能力的考核，将特定金额的合同业绩设定成资格条件并非是唯一不可替代的方式。二是虽然100万元的要求低于本项目的预算金额，但该合同业绩金额的限定与项目本身的预算金额并无直接关联性，代理机构提出的该限定低于项目预算金额的说法无法证明100万元合同业绩要求的合理性。另外，《政府采购促进中小企业发展暂行办法》（财库〔2011〕181号）第三条规定，任何单位和个人不得阻挠和限制中小企业自由进入本地区和本行业的政府采购市场，政府采购活动不得以注册资本金、资产总额、营业收入、从业人员、利润、纳税额等供应商的规模条件对中小企业实行差别待遇或者歧视待遇。虽然合同金额的限定不是直接对企业规模的限定，但由于合同金额与营业收入直接相关，本项目招标公告中有关供应商特定金额合同业绩条件的设置，实质是对中小企业营业收入的限制，构成对中小企业实行差别待遇或者歧视待遇，违反了《中华人民共和国政府采购法》第二十二条第二款和《中华人民共和国政府采购法实施条例》第二十条第（二）项的规定。

相关依据

《中华人民共和国政府采购法》第二十二条、第七十一条

第二十二条　供应商参加政府采购活动应当具备下列条件：

（一）具有独立承担民事责任的能力；

（二）具有良好的商业信誉和健全的财务会计制度；

（三）具有履行合同所必需的设备和专业技术能力；

（四）有依法缴纳税收和社会保障资金的良好记录；

（五）参加政府采购活动前三年内，在经营活动中没有重大违法记录；

（六）法律、行政法规规定的其他条件。

采购人可以根据采购项目的特殊要求，规定供应商的特定条件，但不得以不合理的条件对供应商实行差别待遇或者歧视待遇。

第七十一条　采购人、采购代理机构有下列情形之一的，责令限期改正，给予警告，可以并处罚款，对直接负责的主管人员和其他直接责任人员，由其行政主管部门或者有关机关给予处分，并予通报：

（一）应当采用公开招标方式而擅自采用其他方式采购的；

（二）擅自提高采购标准的；

（三）以不合理的条件对供应商实行差别待遇或者歧视待遇的；

（四）在招标采购过程中与投标人进行协商谈判的；

（五）中标、成交通知书发出后不与中标、成交供应商签订采购合同的；

（六）拒绝有关部门依法实施监督检查的。

《中华人民共和国政府采购法实施条例》第二十条、第七十一条

第二十条　采购人或者采购代理机构有下列情形之一的，属于以不合理的条件对供应商实行差别待遇或者歧视待遇：

（一）就同一采购项目向供应商提供有差别的项目信息；

（二）设定的资格、技术、商务条件与采购项目的具体特点和实际需要不相适应或者与合同履行无关；

（三）采购需求中的技术、服务等要求指向特定供应商、特定产品；

（四）以特定行政区域或者特定行业的业绩、奖项作为加分条件或者中标、成交条件；

（五）对供应商采取不同的资格审查或者评审标准；

（六）限定或者指定特定的专利、商标、品牌或者供应商；

（七）非法限定供应商的所有制形式、组织形式或者所在地；

（八）以其他不合理条件限制或者排斥潜在供应商。

第七十一条　有政府采购法第七十一条、第七十二条规定的违

法行为之一,影响或者可能影响中标、成交结果的,依照下列规定处理:

(一)未确定中标或者成交供应商的,终止本次政府采购活动,重新开展政府采购活动。

(二)已确定中标或者成交供应商但尚未签订政府采购合同的,中标或者成交结果无效,从合格的中标或者成交候选人中另行确定中标或者成交供应商;没有合格的中标或者成交候选人的,重新开展政府采购活动。

(三)政府采购合同已签订但尚未履行的,撤销合同,从合格的中标或者成交候选人中另行确定中标或者成交供应商;没有合格的中标或者成交候选人的,重新开展政府采购活动。

(四)政府采购合同已经履行,给采购人、供应商造成损失的,由责任人承担赔偿责任。政府采购当事人有其他违反政府采购法或者本条例规定的行为,经改正后仍然影响或者可能影响中标、成交结果或者依法被认定为中标、成交无效的,依照前款规定处理。

《政府采购促进中小企业发展暂行办法》(财库〔2011〕181号)第三条

第三条 任何单位和个人不得阻挠和限制中小企业自由进入本

地区和本行业的政府采购市场，政府采购活动不得以注册资本金、资产总额、营业收入、从业人员、利润、纳税额等供应商的规模条件对中小企业实行差别待遇或者歧视待遇。

案例讲解

政府采购活动中业绩的规定及适用

在市场充分竞争的条件下，业绩是考察供货方实力的一个便捷途径，可以节省双方的信息成本。目前，在政府采购活动中，绝大部分采购文件都会将业绩作为评审因素。

《中华人民共和国政府采购法》第二十三条规定，采购人可以要求参加政府采购的供应商提供有关资质证明文件和业绩情况，并根据本法规定的供应商条件和采购项目对供应商的特定要求，对供应商的资格进行审查。原《政府采购货物和服务招标投标管理办法》（财政部令第18号）第五十二条规定，综合评分的主要因素是：价格、技术、财务状况、信誉、业绩、服务、对招标文件的响应程度，以及相应的比重或者权值等。修订后的《政府采购货物和服务招标投标管理办法》（财政部令第87号）第五十五条规定，评审因素的设定应当与投标人所提供货物服务的质量相关，包括投标报价、技术或者服务水平、履约能力、售后服务等，对评审因素的要求变得更加原则性，赋予了采购人在设定采购条件上更大的自主权。

通过对供应商的相关业绩进行科学合理的考查，能更直观地反映出供应商在经营和项目实施等方面的能力差异。但实践中出现了一些以特定行政区域或者特定行业的业绩作为中标、成交条件或者加分条件，限制和排斥特定行政区域和特定行业之外的潜在供应商。因此，根据《中华人民共和国政府采购法实施条例》第二十条第（四）项规定，"以特定行政区域或者特定行业的业绩、奖项作为加分条件或者中标、成交条件的"属于以不合理的条件对供应商实行差别待遇或者歧视待遇。

综上，如果业绩与货物、服务的质量相关，且潜在供应商数量具有市场竞争性的，可以作为政府采购的资格条件，例如购买法律、会计服务，实际上就是购买律师和会计师的履约能力和经验。同时，采购人、代理机构在采购文件中设置业绩时需遵守如下规则：（1）采购人可以根据采购项目的实际情况，在那些可以通过业绩来判断供应商的技术能力和履约能力的领域，将业绩作为资格条件或评审因素；（2）不得限定业绩的具体行政区域或者具体行业；（3）不得限定业绩的金额；（4）将业绩作为资格条件后，不能再作为评审因素。

案例 5

XX 网络建设工程项目投诉案

关键词

资格审查　获取招标文件　集中采购目录

案例要点

在公开招标的政府采购项目中,对供应商提供货物和服务能力的评判,是评审活动的重要内容,应当在评审环节进行。

招标公告将本应在评审阶段由评审专家审查的因素作为供应商获取招标文件的条件,属于将应当在评审阶段审查的因素前置到招标文件购买阶段进行,违反了法定招标程序,构成《中华人民共和国政府采购法》第七十一条第(三)项规定的以不合理的条件对供应商实行差别待遇或者歧视待遇的情形。

案例详情

基本案情

采购人A委托代理机构B就该单位XX网络建设工程项目（以下简称本项目）进行公开招标。2017年6月30日，代理机构B发布招标公告。2017年7月6日，T公司提出质疑。

2017年7月27日，T公司向财政部提起投诉。T公司称：招标公告要求供应商需具有CMMI4级证书，该证书是对生产研发软件厂商的要求，与本项目硬件采购无关。

财政部依法受理本案，审查中发现，招标公告中投标人的资格要求规定，投标商具有软件能力成熟度集成模型4级（CMMI level 4）及以上证书。

代理机构B称：本项目并非单一硬件采购，项目有关批复以及采购人提交的采购需求均涉及软件方面的能力要求。

采购人A称：该要求是根据对本项目的基本要求和业务目标而设定的，招标公告简要要求和招标文件货物清单中均有关于本项目软件需求的体现，如包含软件定制开发需求功能的描述，说明本项目并非单纯的硬件采购。

此外，在本案处理过程中，财政部发现本项目存在以下情况：一是招标公告要求供应商在购买招标文件时需具有软件能力成熟度集成模型4级（CMMI level 4）及以上证书等条件。二是本项目自招标文件开始发出之日（2017年7月3日）上午9点起，至投标人提交投标文件截止之日（2017年7月21日）上午9点半止。三是本项目采购的产品涉及网络交换机、网络存储设备、网络安全产品等，在集采目录范围内，而本项目代理机构B是非集中采购代理机构。对此，财政部依法启动了监督检查程序。

处理结果

财政部作出投诉及监督检查处理决定：根据《政府采购供应商投诉处理办法》（财政部令第20号）第十七条第（二）项的规定，投诉事项缺乏事实依据，驳回投诉。

根据《中华人民共和国政府采购法》第三十六条第一款第（二）项的规定，责令采购人A废标。

根据《中华人民共和国政府采购法》第七十一条的规定，对代理机构B作出警告的行政处罚。

针对本项目中对购买招标文件设置审核条件、自招标文件发出至投标文件提交截止不足二十日和未按规定委托集中采购机构代理采购的问题，根据《中华人民共和国政府采购法》第三十五条、第七十一条和第七十四条的规定，责令采购人A和代理机构B限期改正。

处理理由

财政部认为：关于投诉事项，本项目的申报材料及有关部门审查意见显示，本项目的网络建设内容涉及软件方面的能力要求。同时，招标公告提出了对供应商的软硬件能力要求，即中标供应商应有智慧校园网络顶层设计的能力，并能为后续开展的学校应用开发和部署提供必要的技术咨询和建议方案。因此，本项目并非单一硬件采购。投诉事项缺乏事实依据。

此外，关于另外发现的本项目采购过程中存在的三个情况，财政部认为：一是招标公告要求供应商在购买招标文件时需具备的条件，属于应当在评审阶段审查的因素，不应前置到招标文件购买阶段。这种做法属于《中华人民共和国政府采购法》第七十一条第（三）项规定的以不合理的条件对供应商实行差别待遇或者歧视待遇的情形。

二是本项目自招标文件开始发出之日至投标人提交投标文件截止之日止不足二十日，违反了《中华人民共和国政府采购法》第三十五条有关货物和服务项目实行招标方式采购的，自招标文件开始发出之日起至投标人提交投标文件截止之日止，不得少于二十日的规定。

三是本项目采购的产品涉及集采目录范围内的项目，《中华人民共和国政府采购法》第七条第三款规定，纳入集中采购目录的政府采购项目，应当实行集中采购；第十八条第一款规定，采购人采购纳入集中采购目录的政府采购项目，必须委托集中采购机构代理采购。而本项目委托非集中采购代理机构采购，构成了对上述两条规定的违反。

相关依据

《中华人民共和国政府采购法》第七条、第十八条、第三十五条、第三十六条、第七十一条、第七十四条

第七条 政府采购实行集中采购和分散采购相结合。集中采购的范围由省级以上人民政府公布的集中采购目录确定。

属于中央预算的政府采购项目,其集中采购目录由国务院确定并公布;属于地方预算的政府采购项目,其集中采购目录由省、自治区、直辖市人民政府或者其授权的机构确定并公布。

纳入集中采购目录的政府采购项目,应当实行集中采购。

第十八条 采购人采购纳入集中采购目录的政府采购项目,必须委托集中采购机构代理采购;采购未纳入集中采购目录的政府采购项目,可以自行采购,也可以委托集中采购机构在委托的范围内代理采购。

纳入集中采购目录属于通用的政府采购项目的,应当委托集中采购机构代理采购;属于本部门、本系统有特殊要求的项目,应当实行部门集中采购;属于本单位有特殊要求的项目,经省级以上人民政府批准,可以自行采购。

第三十五条　货物和服务项目实行招标方式采购的，自招标文件开始发出之日起至投标人提交投标文件截止之日止，不得少于二十日。

第三十六条　在招标采购中，出现下列情形之一的，应予废标：

（一）符合专业条件的供应商或者对招标文件作实质响应的供应商不足三家的；

（二）出现影响采购公正的违法、违规行为的；

（三）投标人的报价均超过了采购预算，采购人不能支付的；

（四）因重大变故，采购任务取消的。

废标后，采购人应当将废标理由通知所有投标人。

第七十一条　采购人、采购代理机构有下列情形之一的，责令限期改正，给予警告，可以并处罚款，对直接负责的主管人员和其他直接责任人员，由其行政主管部门或者有关机关给予处分，并予通报：

（一）应当采用公开招标方式而擅自采用其他方式采购的；

（二）擅自提高采购标准的；

（三）以不合理的条件对供应商实行差别待遇或者歧视待遇的；

（四）在招标采购过程中与投标人进行协商谈判的；

（五）中标、成交通知书发出后不与中标、成交供应商签订采购合同的；

（六）拒绝有关部门依法实施监督检查的。

第七十四条 采购人对应当实行集中采购的政府采购项目，不委托集中采购机构实行集中采购的，由政府采购监督管理部门责令改正；拒不改正的，停止按预算向其支付资金，由其上级行政主管部门或者有关机关依法给予其直接负责的主管人员和其他直接责任人员处分。

《政府采购供应商投诉处理办法》（财政部令第20号）第十七条

第十七条 财政部门经审查，对投诉事项分别作出下列处理决定：

（一）投诉人撤回投诉的，终止投诉处理；

（二）投诉缺乏事实依据的，驳回投诉；

（三）投诉事项经查证属实的，分别按照本办法有关规定处理。

案例讲解

（一）依法给予投标人充分的投标准备时间[①]

在政府采购中，采购人、代理机构应当依法给投标人留出充分的投标准备时间，以保证投标人的数量和投标的质量。实践中，确

---

① 参见《案例二十：赶进度的采购项目》，中国政府采购网，2017年2月13日，http://www.ccgp.gov.cn/aljd/201702/t20170213_7916073.htm。

实存在一些采购项目十分紧急，采购人对时间要求比较高，希望尽快完成采购活动并投入使用的情况。但是，在这种情况下，如果单纯考虑效率问题，将投标截止时间设定得过短，就不能保证投标人有充分的时间准备投标，从而导致投标人的投标文件准备不充分或参与投标的供应商较少，降低了采购项目的竞争效果或投标质量，最终会对采购效果造成不良影响。

为了避免实践中不同采购人和代理机构对投标截止时间把握不一可能造成的问题，《中华人民共和国政府采购法》明确规定了自招标文件开始发出之日起至投标人提交投标文件截止之日止，不得少于20日。

此外，《政府采购货物和服务招标投标管理办法》（财政部令第87号）第八十五条明确规定，该办法规定按日计算期间的，开始当天不计入，从次日开始计算。期限的最后一日是国家法定节假日的，顺延到节假日后的次日为期限的最后一日。实践中，政府采购从业人员在具体操作时一定要注意并准确把握，避免因程序问题导致项目从头再来。

（二）纳入集中采购目录的政府采购项目应委托集中采购机构代理采购

虽然《中华人民共和国政府采购法》第十九条第二款规定，采购人有权自行选择采购代理机构，任何单位和个人不得以任何方式为采购人指定采购代理机构。但这不等于所有的政府采购项目都可以由采购人来自行或随意选择采购代理机构办理。

在政府采购中，集中采购是相对于分散采购而言的一种采购模式。集中采购机构是设区的市级以上人民政府依法设立的非营利事业法人，是代理集中采购项目的执行机构。《中华人民共和国政府采购法》第七条、第十八条规定，纳入集中采购目录的政府采购项目，应当实行集中采购。采购人采购纳入集中采购目录的政府采购项目，必须委托集中采购机构代理采购。

由此可以看出，集中采购机构和社会代理机构存在本质区别。采购人与社会代理机构之间的委托代理行为建立在平等自愿基础上，并通过签订民事合同来约定双方的权利和义务。而集中采购目录内项目委托集中采购机构采购则是一种强制性规定，属于法定代理，不以当事人的意志为条件，采购人不能擅自将纳入集中采购目录的项目委托社会代理机构办理。

（三）不得将在评审阶段审查的因素前置到招标文件购买阶段

购买招标文件是供应商参加政府采购活动的前提和基础。为确保政府采购的公平性和竞争性，购买招标文件的限制不应超出法定范围。在公开招标的政府采购项目中，对供应商提供货物和服务能力的评判是评审活动的重要内容，应当在评审环节进行。招标公告将本应在评审阶段由评审专家审查的因素作为供应商获取招标文件的条件，属于将应当在评审阶段审查的因素前置到招标文件购买阶段进行，违反了法定招标程序，构成《中华人民共和国政府采购法》第七十一条第（三）项规定的"以不合理的条件对供应商实行差别待遇或者歧视待遇"的情形。

XX 设备购置采购项目举报案

关键词

恶意串通　混盖公章　合理解释

案例要点

为维护公开、公平、公正的政府采购秩序，供应商应当依照各自的条件和能力，依法、诚信、独立地参与政府采购活动，不得为谋取特定供应商中标、成交而进行恶意串通。公章具有代表公司意志的法律效力，在政府采购活动中，供应商应当对盖有本公司公章的投标材料的真实性、合法性负责。

不同投标人的投标文件或响应文件混盖公章，又无法提供合理解释的，相当于不同投标人的投标文件相互混装，属于《中华人民共和国政府采购法实施条例》第七十四条第（七）项规定的供应商之间为谋求特定供应商中标、成交的串通行为。

案例详情

基本案情

采购人A委托代理机构B就该单位XX设备购置采购项目（以下简称本项目）采用网上竞价方式采购，采购预算为56万元。2015年8月10日，代理机构B发布网上竞价公告。2015年8月17日，竞价截止，共六家供应商参与竞价。2015年8月24日，代理机构B发布成交结果，C公司为成交供应商，成交金额为55.8万元。

2015年10月20日，财政部收到关于该项目的举报信，来信反映，在本项目网上竞价活动中，C公司以高价成交，竞价结果有失公平。

财政部依法受理本案，审查中发现，本项目另一家参与竞价的供应商D公司提交的竞价文件中，法人代表授权书、技术指标应答书和报价单上加盖的是C公司的公章。对此，C公司称：对D公司的竞价文件加盖自己公章一事不知情。D公司称：确实存在竞价文件中加盖的公章与公司名称不符的情况，原因是公司职员在与C公司对账过程中拿错公章，将C公司的公章直接加盖在自己的竞价文件中，未经核查直接上传了竞价文件。

财政部审查终结后依法作出监督检查处理决定，并对C公司和D公司分别作出行政处罚决定。后C公司不服对其作出的处罚决定，向法院提起行政诉讼。一审法院审理后认为，由于C公司在财政部作出处罚决定前已将合同支付金额予以退还，所以部分撤销了处罚决定中没收违法所得的行政处罚，同时驳回C公司的其他诉讼请求。

处理结果

财政部作出监督检查处理决定：根据《中华人民共和国政府采购法》第七十七条第二款的规定，决定本项目成交无效。

财政部对C公司和D公司就其违法行为分别作出行政处罚决定：根据《中华人民共和国政府采购法》第七十七条第一款的规定，对C公司处以采购金额千分之五的罚款，列入不良行为记录名单，在一年内禁止参加政府采购活动，没收违法所得（即采购合同已支付金额）；对D公司处以采购金额千分之五的罚款，列入不良行为记录名单，在一年内禁止参加政府采购活动。

处理理由

财政部认为：公章具有代表公司意志的法律效力。本案中，在D公司提交的竞价文件中，法人代表授权书、技术指标应答书和报价单上加盖的是C公司的公章。虽然C公司辩称对此不知情，D公司辩称因工作人员失误错盖公章，但正常来讲，两家公司的对账行为与准备投标文件行为并不存在任何关联，参与对账的工作人员与准备投标的工作人员也不会重合，D公司的辩解明显违背常理，不属于合理解释范围。公章具有代表公司意志的法律效力，混盖公章等同于不同投标人的投标文件相互混装，两家公司的辩解不足采信。基于D公司部分竞价文件中加盖C公司公章，且两家公司对此不能给出合理解释的事实，应认定C公司与D公司的行为属于《中华人民共和国政府采购法实施条例》第七十四条第（七）项规定的恶意串通的情形。

相关依据

《中华人民共和国政府采购法》第七十七条

第七十七条　供应商有下列情形之一的，处以采购金额千分之五以上千分之十以下的罚款，列入不良行为记录名单，在一至三年内禁止参加政府采购活动，有违法所得的，并处没收违法所得，情节严重的，由工商行政管理机关吊销营业执照；构成犯罪的，依法追究刑事责任：

（一）提供虚假材料谋取中标、成交的；

（二）采取不正当手段诋毁、排挤其他供应商的；

（三）与采购人、其他供应商或者采购代理机构恶意串通的；

（四）向采购人、采购代理机构行贿或者提供其他不正当利益的；

（五）在招标采购过程中与采购人进行协商谈判的；

（六）拒绝有关部门监督检查或者提供虚假情况的。

供应商有前款第（一）至（五）项情形之一的，中标、成交无效。

《中华人民共和国政府采购法实施条例》第七十四条

第七十四条　有下列情形之一的，属于恶意串通，对供应商依照政府采购法第七十七条第一款的规定追究法律责任，对采购人、采购代理机构及其工作人员依照政府采购法第七十二条的规定追究法律责任：

（一）供应商直接或者间接从采购人或者采购代理机构处获得其他供应商的相关情况并修改其投标文件或者响应文件；

（二）供应商按照采购人或者采购代理机构的授意撤换、修改投标文件或者响应文件；

（三）供应商之间协商报价、技术方案等投标文件或者响应文件的实质性内容；

（四）属于同一集团、协会、商会等组织成员的供应商按照该组织要求协同参加政府采购活动；

（五）供应商之间事先约定由某一特定供应商中标、成交；

（六）供应商之间商定部分供应商放弃参加政府采购活动或者放弃中标、成交；

（七）供应商与采购人或者采购代理机构之间、供应商相互之间，为谋求特定供应商中标、成交或者排斥其他供应商的其他串通行为。

案例讲解

正确看待关联关系和恶意串通[①]

政府采购法律法规规定的供应商不得参与采购活动的情形包括两种：一是单位负责人为同一人或者存在直接控股、管理关系的不同供应商，不得参加同一合同项下的政府采购活动。二是除单一来源采购项目外，为采购项目提供整体设计、规范编制或者项目管理、监理、检测等服务的供应商，不得再参加该采购项目的其他采购活动。该规定的主要目的是防止不同供应商之间以及供应商和采购人、代理机构之间发生事先沟通、私下串通等违反政府采购法律法规的情况。

现实意义上的关联关系范围往往更广。例如兄弟企业、夫妻店、两家公司同时被第三方控股等，虽然相互之间存在关联关系，但不属于《中华人民共和国政府采购法实施条例》第十八条规定情形的，相关供应商可以参加采购活动。同时，存在直接控股、管理

[①] 参见《投标文件的创建者相同，能认定为串标吗？》，载于《中国政府采购报》2019年12月31日专家采访。

关系的不同供应商也可以组成一个联合体参加同一项目。

实践中不能仅凭借关联关系推定供应商之间存在恶意串通。恶意串通是《中华人民共和国政府采购法》明令禁止且应受处罚的行为，对恶意串通的认定必须严格依法进行。只有存在《中华人民共和国政府采购法实施条例》第七十四条规定的法定恶意串通的情形时，才能根据《中华人民共和国政府采购法》第七十七条进行处理处罚。同时，由于实践的复杂性，《政府采购货物和服务招标投标管理办法》（财政部令第87号）第三十七条增加了6种视为投标人串通投标的情形，其直接后果是投标无效。如果有进一步证据，财政部门可启动监督检查程序，以证实是否属于恶意串通。

此外，需要区分法定恶意串通情形和视为串通投标情形。《中华人民共和国政府采购法实施条例》第七十四条规定了七种法定恶意串通的情形，分别是：（一）供应商直接或者间接从采购人或者采购代理机构处获得其他供应商的相关情况并修改其投标文件或者响应文件；（二）供应商按照采购人或者采购代理机构的授意撤换、修改投标文件或者响应文件；（三）供应商之间协商报价、技术方案等投标文件或者响应文件的实质性内容；（四）属于同一集团、协会、商会等组织成员的供应商按照该组织要求协同参加政府采购活动；（五）供应商之间事先约定由某一特定供应商中标、成交；（六）供应商之间商定部分供应商放弃参加政府采购活动或者放弃中标、成交;(七)供应商与采购人或者采购代理机构之间、供应商相互之间,为谋求特定供应商中标、成交或者排斥其他供应商的其他串通行为。《政府采购货物和服务招标投标管理办法》(财政部令第87号)第三十七条规定的视为串通投标情形,分别是:(一)不同投标人的投标文件由同一单位或者个人编制;(二)不同投标人委托同一单位或者个人办理投标事宜;(三)不同投标人的投标文件载明的项目管理成员或者联系人员为同一人;(四)不同投标人的投标文件异常一致或者投标报价呈规律性差异;(五)不同投标人的投标文件相互混装;(六)不同投标人的投标保证金从同一单位或者个人的账户转出。法定恶意串通情形适用于招标、竞争性谈判、竞争性磋商、询价等各种竞争性的政府采购活动,而视为串通投标情形仅适用于招标采购方式。

案例 7

XX 无线网络系统扩容采购项目举报案

关键词

重大违法记录　信用查询　指定渠道

案例要点

重大违法记录主要是基于对供应商违法行为的刑事、行政处罚而产生的。在没有刑事、行政处罚的情况下，任何单位不得以信用记录等形式限制供应商参与政府采购活动。

案例详情

基本案情

采购人 D 就该单位 XX 无线网络系统扩容采购项目进行公开招标。2017 年 5 月 19 日，采购人 D 发布招标公告，并组织了开标、评标工作。2017年6月23日，采购人D发布中标公告，经评审，评标委员会推荐J公司为中标供应商。

2017年7月3日，供应商B公司向财政部提交举报材料，认为中标供应商J公司此前因未按竞价规则履约，被列入代理机构A失信名单，不符合《中华人民共和国政府采购法》第二十二条的规定。

经查，本项目招标文件规定：截至开标之日，经信用中国网站、信用辽宁网站失信黑名单、信用大连大连市重大税收违法案件信息公示平台、中国政府采购网政府采购严重违法失信行为信息记录，被列入失信被执行人、重大税收违法案件当事人名单、政府采购严重违法失信行为记录名单的不得参加本采购项目；评标委员会以评审现场查询记录为准。另查明，代理机构A于2017年6月9日发布的《关于暂停J公司参与网上竞价资格的公告》记载：J公司在XX服务器及配件采购项目中报价时间截止后，未按竞价规则履约。根据《代理机构A网上竞价管理办法》有关规定，自本公告发布之时起暂停J公司网上竞价资格六个月。

处理结果

财政部作出监督检查处理决定：举报事项缺乏事实依据。

处理理由

财政部认为：经调查，截至开标之日，未发现J公司存在重大违法记录，符合招标文件要求。

相关依据

《中华人民共和国政府采购法》第二十二条

第二十二条 供应商参加政府采购活动应当具备下列条件：

（一）具有独立承担民事责任的能力；

（二）具有良好的商业信誉和健全的财务会计制度；

（三）具有履行合同所必需的设备和专业技术能力；

（四）有依法缴纳税收和社会保障资金的良好记录；

（五）参加政府采购活动前三年内，在经营活动中没有重大违法记录；

（六）法律、行政法规规定的其他条件。

采购人可以根据采购项目的特殊要求，规定供应商的特定条件，但不得以不合理的条件对供应商实行差别待遇或者歧视待遇。

《中华人民共和国政府采购法实施条例》第十九条

第十九条 政府采购法第二十二条第一款第五项所称重大违法记录，是指供应商因违法经营受到刑事处罚或者责令停产停业、吊销许可证或者执照、较大数额罚款等行政处罚。

供应商在参加政府采购活动前3年内因违法经营被禁止在一定期限内参加政府采购活动，期限届满的，可以参加政府采购活动。

《财政部关于在政府采购活动中查询及使用信用记录有关问题的通知》（财库〔2016〕125号）

各级财政部门、采购人、采购代理机构应当通过"信用中国"网站（www.creditchina.gov.cn）、中国政府采购网（www.ccgp.gov.cn）等渠道查询相关主体信用记录，并采取必要方式做好信用信息查询记录和证据留存，信用信息查询记录及相关证据应当与其他采购文件一并保存。

采购人或者采购代理机构应当对供应商信用记录进行甄别，对列入失信被执行人、重大税收违法案件当事人名单、政府采购严重违法失信行为记录名单及其他不符合《中华人民共和国政府采购法》第二十二条规定条件的供应商，应当拒绝其参与政府采购活动。

案例讲解

准确理解政府采购活动中的"重大违法记录"[①]

《中华人民共和国政府采购法实施条例》第十九条第一款规定，政府采购法第二十二条第一款第（五）项所称重大违法记录，是指

---

① 参见财政部国库司、财政部政府采购管理办公室、财政部条法司、国务院法制办公室财金司编著：《中华人民共和国政府采购法实施条例释义》，中国财政经济出版社2015年版。

供应商因违法经营受到刑事处罚或者责令停产停业、吊销许可证或者执照、较大数额罚款等行政处罚。

供应商因违法经营受到刑事处罚，指供应商在经营活动中违法，如采取假报或虚报资格等手段骗取政府采购合同等与经营活动有关的行为而受到的刑事处罚，也包括因在与政府采购无关的经营活动中的违法行为而受到的刑事处罚，如《中华人民共和国刑法》中的生产、销售伪劣商品罪、破坏金融管理秩序罪、扰乱市场秩序罪等各项破坏社会主义市场经济秩序罪。需要注意的是，供应商非因经营活动违法或者供应商的高级管理人员个人违法受到的刑事处罚不包括在内，如高级管理人员个人所犯的贪污贿赂罪等。

供应商因违法经营受到行政处罚，指供应商因从事违法经营活动受到行政机关行政制裁。根据《中华人民共和国行政处罚法》第八条的规定，行政处罚的种类包括：（一）警告；（二）罚款；（三）没收违法所得、没收非法财物；（四）责令停产停业；（五）暂扣或者吊销许可证、暂扣或者吊销执照；（六）行政拘留；（七）法律、行政法规规定的其他行政处罚。显然，并非受到任何形式的行政处罚，都应被剥夺参加政府采购的资格。根据《中华人民共和国政府采购法实施条例》第十九条第一款的规定，可以构成《中华人民共和国政府采购法》第二十二条第一款第（五）项规定的重大违法记录的情形，仅限于行政机关做出的重大行政处罚决定，即责令停产停业、吊销许可证或者执照、较大数额的罚款等。其他如警告和数额较小的罚款的行政处罚等不列入重大违法记录范围，不会产生剥夺或限制供应商参与政府采购权利的后果。

其中，关于较大数额罚款的认定标准，《中华人民共和国行政处罚法》第四十二条第一款的规定，行政机关作出责令停产停业、吊销许可证或者执照、较大数额罚款等行政处罚决定之前，应当告知当事人有要求举行听证的权利，即当事人有要求举行听证权利的行政罚款为较大数额罚款。根据《中华人民共和国行政处罚法》第十二条、第十三条的规定，国务院各部委制定的规章可以在法律、行政法规规定的给予行政处罚的行为、种类和幅度的范围内作出具体规定；省、自治区、直辖市人民政府和省、自治区人民政府所在地的市人民政府以及经国务院批准的较大的市人民政府制定的规章可以在法律、法规规定的给予行政处罚的行为、种类和幅度的范围内作出具体规定。具体判断是否构成较大数额罚款，主要以是否纳入各地区、各部门行政处罚听证范围为准。

此外，供应商在参加政府采购活动前3年内因违法经营被禁止在一定期限内参加政府采购活动，期限届满的，可以参加政府采购活动。同时，重大违法记录的起算时点应以行政机关作出正式处罚决定的时间为准。

案例 8

XX 系统通用硬件采购项目投诉案

关键词

技术参数　判断标准　产品官网信息

案例要点

政府采购评审过程中，评审委员会成员依据各自的专业知识，根据政府采购法律法规和采购文件所载明的评审方法、标准，依法独立地对投标文件的真实性、投标产品的响应情况等做出评判。对于评审委员会的评审结果，非因法定事由和依照法定程序，原则上不得推翻。

在投诉处理阶段，财政部门一般依据评审委员会成员意见、投标产品制造商说明及检测报告等评判投标产品技术参数响应的真实性。具体评判时，如仅有投诉人单方异议，不应直接否认评审专家的意见；如招标文件未要求投标人在投标时提供产品官网信息等证据，而投诉人仅以产品官网信息为依据的，不能当然否认评标委员会的评审结果；如投诉人提供了有关证据材料，财政部通过调查取证依法获取了投标产品制造商书面说明或有关检测报告，但不能证明投标产品技术参数响应不真实，且未发现评标委员会在人员构成、评审程序、评审结果等方面存在明显、严重违法情形的，应认定投诉事项缺乏事实依据。

案例详情

基本案情

2016年12月，采购人W委托代理机构G就该单位XX系统通用硬件采购项目（以下简称本项目）进行公开招标。2016年12月30日，代理机构G发布招标公告，此后组织了开标、评标工作。经过评审，评标委员会推荐H公司为中标供应商。采购人W对评标结果进行确认后，代理机构G于2017年3月1日发布中标公告，并向H公司发送中标通知书。2017年3月6日，供应商A公司向代理机构G提出质疑。

2017年3月30日，A公司向财政部提起投诉。A公司称：其通过查询中标产品的官网信息，认为中标产品的工作温度范围为5~35℃，不满足招标文件关于工作温度范围为5~40℃的要求；中标产品内存插槽数为32个,而业界单条内存最大标准为64GB,其内存最大可扩展数量为2TB,不满足招标文件关于内存最大可扩展数量≥3TB的要求;中标产品电源电压为110~240伏交流供电,不支持高压直流供电,不满足招标文件中能源管理关于高压直流供电的要求。H公司在投标文件中作无偏离或正偏离响应,属于提供虚假材料谋取中标的情形。

采购人W及代理机构G称:投诉事项中所提问题在质疑处理过程中,评标委员会已进行复核,H公司投标文件中对工作温度范围、内存最大扩展数量和能源管理的应答为无偏离,符合招标文件的要求。

处理结果

财政部作出投诉处理决定:根据《政府采购供应商投诉处理办法》(财政部令第20号)第十七条第(二)项规定,投诉事项缺乏事实依据,驳回投诉。

处理理由

财政部认为:本项目招标文件未要求供应商在投标文件中提供官网截图或链接作为证据,中标供应商H公司的投标文件对工作温度范围响应为5~40℃,偏差说明为无;对内存最大可扩展数量响应为4TB,偏差说明为无;对能源管理响应为支持高压直流供电技术,偏差说明为无。本项目中标产品制造商L公司向财政部提交的说明材料显示，中标产品满足招标文件关于工作温度范围、内存最大可扩展数量及能源管理的要求，并提供了相应证明材料。评标委员会认为H公司投标产品符合招标文件要求，未发现评标委员会存在违法、违规评审的问题。投诉事项缺乏事实依据。

相关依据

《政府采购供应商投诉处理办法》（财政部令第20号）第十七条

第十七条　财政部门经审查，对投诉事项分别作出下列处理决定：

（一）投诉人撤回投诉的，终止投诉处理；

（二）投诉缺乏事实依据的，驳回投诉；

（三）投诉事项经查证属实的，分别按照本办法有关规定处理。

案例讲解

政府采购专家评审制度

专家评审制度是我国政府采购制度的基本内容之一。早在1999年财政部制定的《政府采购管理暂行办法》中，就确立了政府采购专家评审制度。确立该制度主要是基于以下两方面的考虑：一是政府采购具有专业性，在技术、经济、法律等方面需要专家参与；二是可以有效防止采购人腐败，促进廉政建设。

评审专家在政府采购过程中发挥着至关重要的作用。评审专家是指符合《政府采购评审专家管理办法》（财库〔2016〕198号）规定，具有良好的职业道德、具备相应的专业水平、熟悉政府采购相关政策法规并遵守回避要求，经省级以上人民政府财政部门选聘，以独立身份参加政府采购评审，纳入评审专家库管理的人员。

专家评审权力的行使直接关系到采购过程是否依法合规、采购结果是否物有所值，也关系到采购制度是否公正。所以，评审专家应严格遵守评审工作纪律，按照客观、公正、审慎的原则，根据采购文件规定的评审程序、评审方法和评审标准进行独立评审。

评审委员会成员依据各自的专业知识，根据政府采购法律法规和采购文件所载明的评审方法、标准，依法独立地对响应文件的真实性、产品技术参数的响应情况等作出评判。对于评审委员会的评审结果，非因法定事由和依照法定程序，原则上不得推翻。在质疑和投诉处理环节，对于技术问题的判断原则上也应尊重评审委员会的意见。投诉人未提供充分确凿的证据证明评审委员会评审结论有失公允，财政部门调取证据也未能否定评审委员会所做的专业判断时，应认定投诉事项缺乏事实依据。

XX仓库资格招标项目投诉案

关键词

评审因素　量化指标　分值设置　评审标准

案例要点

在政府采购评审中采取综合评分法的,评审标准中的分值设置应当与评审因素的量化指标相对应。一方面,评审因素的指标应当是可以量化的,不能量化的指标不能作为评审因素。评审因素在细化和量化时,一般不宜使用优、良、中、一般等没有明确判断标准、容易引起歧义的表述。另一方面,评审标准的分值也应当量化,评审因素的指标量化为区间的,评审标准的分值也必须量化到区间。

评审标准中的分值设置与评审因素的量化指标不对应的,应当根据《中华人民共和国政府采购法》第三十六条、《政府采购供应商投诉处理办法》(财政部令第20号)第十九条的规定予以处理。

案例详情

基本案情

采购人B委托代理机构A就该单位XX仓库资格招标项目（以下简称本项目）进行公开招标。2017年3月22日，代理机构A发布招标公告，此后组织了开标、评标工作。经评审，评标委员会推荐D公司为第一中标候选人。2017年4月12日，代理机构A发布中标公告。2017年4月18日，C公司向代理机构A提出质疑。

2017年5月19日，C公司向财政部提起投诉。C公司称：（1）本项目评分标准设置不合法，对供应商实行差别待遇或者歧视待遇。（2）评标过程未对供应商所应具备的条件进行公正公平审查，主要依据是：D公司仅为新成立的企业，但中标公告显示其在商务得分中高出了C公司近6分，在技术评分中高出了C公司近20分。

对此，代理机构A称：（1）本项目评分标准的设置是根据采购人B以往仓储的实际情况等所提出的要求，以实现仓储财物的安全性和便利性。（2）C公司和D公司在商务得分上的差距，主要是招标文件要求提供投标人室外仓库情况，而C公司未提供该情况；技术得分的差距，主要是招标文件对投标人室内仓库情况的要求为存放货物在1楼，而C公司可提供的存货地点不位于1楼。

财政部查明，C公司于2017年3月24日购买了本项目的招标文件。招标文件技术评审表中投标人室内仓库情况的评分细则要求为，根据投标人室内仓库（仓库配套有室内仓储场地不少于7000平方米、高台仓、有监控摄像、存放货物在1楼）横向比较：优得35~45分，中得20~34分，一般得0~19分（以仓库产权证明或租赁合同为准），单项分数/权重为45分。招标文件商务评审表中投标人室外仓库情况的评分细则要求为，根据投标人室外仓库场地（仓库配套有室外仓储场地不少于3000平方米、有围墙进行物理隔离、有监控摄像、有保安巡逻）的情况横向比较：优得35~40分，中得20~34分，一般得0~19分（以仓库产权证明或租赁合同为准），单项分数/权重为40分。本项目已签订政府采购合同，但尚未履行。

处理结果

财政部作出投诉及监督检查处理决定：根据《中华人民共和国政府采购法》第五十二条和《中华人民共和国政府采购法实施条例》第五十三条的规定，投诉事项（1）属于无效投诉事项。

根据《政府采购供应商投诉处理办法》（财政部令第20号）第十七条第（二）项的规定，投诉事项（2）缺乏事实依据，驳回投诉。

根据《中华人民共和国政府采购法》第三十六条第一款第（二）项、《政府采购供应商投诉处理办法》（财政部令第20号）第十九条第（二）项的规定，决定撤销合同，责令采购人B废标，重新开展采购活动。

针对本项目评审标准中的分值设置与评审因素的量化指标不对应的问题，根据《中华人民共和国政府采购法》第七十一条和《中华人民共和国政府采购法实施条例》第六十八条的规定，责令采购人B和代理机构A限期改正，并对代理机构A作出警告的行政处罚。

处理理由

财政部认为，投诉事项（1）属于对招标文件的异议。C公司购买招标文件的时间为2017年3月24日，应自收到招标文件之日起7个工作日内提出质疑，而C公司提出质疑的时间（2017年4月18日）已超过法定质疑期限。因此，投诉事项（1）属于无效投诉事项。

关于投诉事项（2），由于C公司投标文件所显示的租赁仓库位于3、4、5、6楼，不符合本项目招标文件有关存放货物在1楼的要求。投诉事项（2）缺乏事实依据。

此外，本项目招标文件评审标准设置有优得35~45分、中得20~34分、一般得0~19分等，存在分值设置未与评审因素的量化指标相对应的问题，违反了《中华人民共和国政府采购法实施条例》第三十四条第四款的规定。

相关依据

《中华人民共和国政府采购法》第三十六条、第五十二条、第七十一条

第三十六条　在招标采购中，出现下列情形之一的，应予废标：

（一）符合专业条件的供应商或者对招标文件作实质响应的供应商不足三家的；

（二）出现影响采购公正的违法、违规行为的；

（三）投标人的报价均超过了采购预算，采购人不能支付的；

（四）因重大变故，采购任务取消的。

废标后，采购人应当将废标理由通知所有投标人。

第五十二条　供应商认为采购文件、采购过程和中标、成交结果使自己的权益受到损害的，可以在知道或者应知其权益受到损害之日起七个工作日内，以书面形式向采购人提出质疑。

第七十一条　采购人、采购代理机构有下列情形之一的，责令限期改正，给予警告，可以并处罚款，对直接负责的主管人员和其他直接责任人员，由其行政主管部门或者有关机关给予处分，并予通报：

（一）应当采用公开招标方式而擅自采用其他方式采购的；

（二）擅自提高采购标准的；

（三）以不合理的条件对供应商实行差别待遇或者歧视待遇的；

（四）在招标采购过程中与投标人进行协商谈判的；

（五）中标、成交通知书发出后不与中标、成交供应商签订采购合同的；

（六）拒绝有关部门依法实施监督检查的。

《中华人民共和国政府采购法实施条例》第三十四条、第五十三条、第六十八条

第三十四条　政府采购招标评标方法分为最低评标价法和综合评分法。

最低评标价法，是指投标文件满足招标文件全部实质性要求且投标报价最低的供应商为中标候选人的评标方法。综合评分法，是指投标文件满足招标文件全部实质性要求且按照评审因素的量化指标评审得分最高的供应商为中标候选人的评标方法。

技术、服务等标准统一的货物和服务项目，应当采用最低评标价法。

采用综合评分法的，评审标准中的分值设置应当与评审因素的量化指标相对应。

招标文件中没有规定的评标标准不得作为评审的依据。

第五十三条 政府采购法第五十二条规定的供应商应知其权益受到损害之日，是指：

（一）对可以质疑的采购文件提出质疑的，为收到采购文件之日或者采购文件公告期限届满之日；

（二）对采购过程提出质疑的，为各采购程序环节结束之日；

（三）对中标或者成交结果提出质疑的，为中标或者成交结果公告期限届满之日。

第六十八条 采购人、采购代理机构有下列情形之一的，依照政府采购法第七十一条、第七十八条的规定追究法律责任：

（一）未依照政府采购法和本条例规定的方式实施采购；

（二）未依法在指定的媒体上发布政府采购项目信息；

（三）未按照规定执行政府采购政策；

（四）违反本条例第十五条的规定导致无法组织对供应商履约情况进行验收或者国家财产遭受损失；

（五）未依法从政府采购评审专家库中抽取评审专家；

（六）非法干预采购评审活动；

（七）采用综合评分法时评审标准中的分值设置未与评审因素的量化指标相对应；

（八）对供应商的询问、质疑逾期未作处理；

（九）通过对样品进行检测、对供应商进行考察等方式改变评审结果；

（十）未按照规定组织对供应商履约情况进行验收。

《政府采购供应商投诉处理办法》（财政部令第20号）第十七条、第十九条

第十七条　财政部门经审查，对投诉事项分别做出下列处理决定：

（一）投诉人撤回投诉的，终止投诉处理；

（二）投诉缺乏事实依据的，驳回投诉；

（三）投诉事项经查证属实的，分别按照本办法有关规定处理。

第十九条　财政部门经审查，认定采购文件、采购过程影响或者可能影响中标、成交结果的，或者中标、成交结果的产生过程存在违法行为的，按下列情况分别处理：

（一）政府采购合同尚未签订的，分别根据不同情况决定全部或者部分采购行为违法，责令重新开展采购活动；

（二）政府采购合同已经签订但尚未履行的，决定撤销合同，责令重新开展采购活动；

（三）政府采购合同已经履行的，决定采购活动违法，给采购人、投诉人造成损失的，由相关责任人承担赔偿责任。

案例讲解

评审因素应当细化和量化[①]

采购文件是政府采购活动中十分重要的文件，其中的评分标准更是重中之重，直接影响到评审委员会能否客观、准确地对供应商做出评价，进而选择出最满足采购文件要求的供应商。因此，采购人和代理机构在编制采购文件时应认真、细致，对采购文件中评审标准的设置应该清楚、准确、详细，以便评审委员会能够按照统一明确的标准对供应商的供货和服务能力进行评价。

实践中存在的主要问题是：设定的评审因素缺乏量化指标，有量化指标的评审因素没有对应的分值设置等。上述问题导致了评审的随意性，严重影响评审的质量和公正。《中华人民共和国政府采购法实施条例》第三十四条第四款规定，采用综合评分法的，评审标准中的分值设置应当与评审因素的量化指标相对应。《政府采购货物和服务招标投标管理办法》（财政部令第87号）第五十五条第三款规定，评审因素应当细化和量化，且与相应的商务条件和采购需求对应。商务条件和采购需求指标有区间规定的，评审因素应当

[①] 参见财政部国库司、财政部政府采购管理办公室、财政部条法司、国务院法制办公室财金司编著：《中华人民共和国政府采购法实施条例释义》，中国财政经济出版社2015年版。

量化到相应区间，并设置各区间对应的不同分值。

综合评分法的关键是如何确定评审因素和与评审因素的量化指标相对应的分值，要求综合评分的因素必须量化为客观分，最大限度地限制评审专家在评审中的自由裁量权。采购人、代理机构应当严格执行评审的有关规定，否则将承担相应的法律责任。

案例 10

XX 体系采购项目投诉案

关键词

货物采购　　适用法律错误　　采购活动违法

案例要点

《中华人民共和国政府采购法》有关招标文件编制、评标方法和评标标准制定、招标信息发布、评标专家抽取、中标信息发布等方面的规定均不同于《中华人民共和国招标投标法》。

在政府采购活动中,《中华人民共和国招标投标法》及其实施条例主要适用于通过招标方式采购的政府采购工程以及与工程建设相关的货物、服务。政府采购工程及与工程建设相关的货物、服务通过招标方式以外的方式采购的,和与工程建设不相关的货物、服务的采购,都应适用《中华人民共和国政府采购法》及其实施条例、《政府采购货物和服务招标投标管理办法》等规定。

与工程建设不相关的货物和服务的采购未依据前述规定执行，而依据《中华人民共和国招标投标法》执行的，属于适用法律错误，违反了《中华人民共和国政府采购法》第二条第一款和第六十四条第一款的规定。

案例详情

基本案情

2004年10月29日，采购人C委托代理机构A就该单位XX体系采购项目（以下简称本项目）进行公开招标，采购有关仪器设备，B公司参与投标。2004年12月1日，代理机构A发布中标公告。B公司对中标结果不满，向采购人C和代理机构A提出质疑。

2004年12月21日，B公司向财政部提起投诉。B公司认为：（1）B公司投标产品是该类产品中最好的品牌之一，其以最低价投标而未中标，没有合理解释。（2）招标文件中无具体评标方法、打分标准、计算公式。（3）中标公示应包括评标委员会成员名单而未包括，不符合法定标准。（4）招标文件技术要求中有关免保养以及无需更换泵管、管路及气瓶的规定具有排他性，属于歧视性条款。（5）中标人在其他项目的投标中，相同产品的价格比本次投标报价低。

代理机构A称：B公司所投产品的一些技术指标不满足招标文

件要求。本项目是XX体系建设项目的一部分，应遵照《中华人民共和国招标投标法》的相关规定开展。

另查明，本项目资金属于国家发展和改革委员会（以下简称国家发改委）安排的基本建设投资，按照《中华人民共和国招标投标法》进行的招标。《中华人民共和国招标投标法》和《中华人民共和国政府采购法》的实施条例当时均尚未发布，具体实施中有些内容存在交叉，例如对国家重大建设项目中的货物采购应适用两法中的哪一部不明确。因此，财政部收到投诉后考虑到《国务院办公厅印发国务院有关部门实施招标投标活动行政监督职责分工意见的通知》（国办发〔2000〕34号）已明确规定，重大建设项目由国家发改委监管，项目招标也已按《中华人民共和国招标投标法》进行，为防止职能交叉，财政部未作答复并将投诉移送国家发改委处理。后B公司以财政部不作为为由向法院提起行政诉讼。2006年8月，法院作出一审判决，认为本项目属于货物采购，B公司投诉的是关于代理机构在以招投标方式采购货物的过程中，招投标组织不合法的问题，根据《中华人民共和国政府采购法》的相关规定应由财政部监管。2006年12月，财政部上诉，二审法院维持一审判决。根据法院判决，财政部作出投诉处理决定书。后B公司不服该处理决定向法院提起行政诉讼。最终法院作出判决，驳回B公司全部诉讼请求。

处理结果

财政部投诉处理决定：关于投诉事项（1），B公司所投产品不符合招标文件的实质性要求，投诉事项（1）不成立。关于投诉事项（2）、（3）、（4）、（5），本项目采购活动违反了《中华人民共和国政府采购法》第二条第一款和第六十四条第一款的规定。根据《政府采购供应商投诉处理办法》（财政部令第20号）第十九条第（三）项的规定，决定该采购活动违法。

处理理由

财政部认为：关于投诉事项（1），本项目招标文件实质性条款要求所投产品免保养，无需更换泵管、管路及气瓶，而B公司所投产品使用了蠕动泵，泵管、管路、气瓶需定期更换，在人员培训内容中也包括蠕动泵的安装与更换，气瓶的安装与更换，不符合招标文件实质性要求。

关于投诉事项（2）、（3）、（4）、（5），本项目属于政府采购中的货物采购，其采购方式和采购程序均应依照《中华人民共和国政府采购法》以及《政府采购货物和服务招标投标管理办法》（财政部令第18号）等相关法律法规执行。而本项目依照《中华人民共和国招标投标法》执行，属于适用法律错误，违反了《中华人民共和国政府采购法》第二条第一款和第六十四条第一款的规定。

鉴于本项目政府采购合同已经履行，根据《政府采购供应商投诉处理办法》(财政部令第20号)第十九条第(三)项的规定,决定采购活动违法。

相关依据

《中华人民共和国政府采购法》第二条、第六十四条

第二条 在中华人民共和国境内进行的政府采购适用本法。

本法所称政府采购,是指各级国家机关、事业单位和团体组织,使用财政性资金采购依法制定的集中采购目录以内的或者采购限额标准以上的货物、工程和服务的行为。

政府集中采购目录和采购限额标准依照本法规定的权限制定。

本法所称采购,是指以合同方式有偿取得货物、工程和服务的行为,包括购买、租赁、委托、雇用等。

本法所称货物,是指各种形态和种类的物品,包括原材料、燃料、设备、产品等。

本法所称工程,是指建设工程,包括建筑物和构筑物的新建、改建、扩建、装修、拆除、修缮等。

本法所称服务,是指除货物和工程以外的其他政府采购对象。

第六十四条 采购人必须按照本法规定的采购方式和采购程序进行采购。

任何单位和个人不得违反本法规定,要求采购人或者采购工作人员向其指定的供应商进行采购。

《政府采购供应商投诉处理办法》（财政部令第20号）第十九条

第十九条　财政部门经审查，认定采购文件、采购过程影响或者可能影响中标、成交结果的，或者中标、成交结果的产生过程存在违法行为的，按下列情况分别处理：

（一）政府采购合同尚未签订的，分别根据不同情况决定全部或者部分采购行为违法，责令重新开展采购活动；

（二）政府采购合同已经签订但尚未履行的，决定撤销合同，责令重新开展采购活动；

（三）政府采购合同已经履行的，决定采购活动违法，给采购人、投诉人造成损失的，由相关责任人承担赔偿责任。

案例讲解

准确理解《中华人民共和国政府采购法》和《中华人民共和国招标投标法》的适用范围[①]

《中华人民共和国政府采购法》第四条规定，政府采购工程进

[①] 参见财政部国库司、财政部政府采购管理办公室、财政部条法司、国务院法制办公室财金司编著：《中华人民共和国政府采购法实施条例释义》，中国财政经济出版社2015年版。

行招标投标的,适用招标投标法。《中华人民共和国政府采购法实施条例》第七条第一款规定,政府采购工程以及与工程建设有关的货物、服务,采用招标方式采购的,适用《中华人民共和国招标投标法》及其实施条例;采用其他方式采购的,适用政府采购法及本条例。前款所称工程,是指建设工程,包括建筑物和构筑物的新建、改建、扩建及其相关的装修、拆除、修缮等;所称与工程建设有关的货物,是指构成工程不可分割的组成部分,且为实现工程基本功能所必需的设备、材料等;所称与工程建设有关的服务,是指为完成工程所需的勘察、设计、监理等服务。

实践操作中应注意以下四点:一是工程,虽然现行法律法规并没有规定建筑物和构筑物的概念,但根据现行的国家标准,通俗地讲,建筑物就是用来居住或者办公的房屋,构筑物就是不用来居住和办公,但需通过土建等来完成建设的物体,如水塔、围墙等。由此,只有政府采购工程中的建筑物和构筑物的新建、改建、扩建及其相关的装修、拆除、修缮,才是《中华人民共和国招标投标法》第三条所称的必须进行招标的工程建设项目,属于《中华人民共和国招标投标法》及其实施条例的调整范围;政府采购工程中的与建筑物和构筑物新建、改建、扩建无关、单独的装修、拆除、修缮等,属于《中华人民共和国政府采购法》及其实施条例的调整范围。二是建设,建设起着时间节点的作用,只有工程建设过程中与工程有关的货物、服务才属于《中华人民共和国招标投标法》及其实施条例的调整范围。工程竣工验收完成后，再采购与工程有关的货物与服务，均属于《中华人民共和国政府采购法》的调整范围。三是不可分割，指离开建筑物或构筑物就无法实现其使用价值的货物。如门窗属于不可分割，家具不属于不可分割。四是基本功能，指建筑物、构筑物能够达到投入使用的基础条件，不涉及建筑物、构筑物的附加功能。

必须招标的政府采购工程以及与工程建设有关的货物与服务，应采用招标方式进行采购。除此之外，应结合项目需求特点，采用竞争性谈判、竞争性磋商、单一来源采购方式采购。

此外，政府采购工程以及与工程建设有关的货物、服务，应当执行政府采购政策。《中华人民共和国政府采购法实施条例》第七条第三款规定，政府采购工程以及与工程建设有关的货物、服务，应当执行政府采购政策。《中华人民共和国招标投标法实施条例》第四条第三款规定，财政部门依法对实行招标投标的政府采购工程建设项目的预算执行情况和政府采购政策执行情况实施监督。根据《中华人民共和国政府采购法》第九条的规定，政府采购应当有助于实现国家的经济和社会发展政策目标，包括保护环境，扶持不发达地区和少数民族地区，促进中小企业发展等。

H医院超声影像管理系统采购项目投诉案

关键词

投标文件密封　封装瑕疵　拒收

案例要点

对投标文件密封完好的要求应当在合理范围内。投标文件封装存在轻微瑕疵但不实质影响封闭性的，不应拒收。

案例详情

基本案情

采购人H医院委托代理机构G公司就H医院超声影像管理系统

采购项目（以下简称本项目）进行公开招标。2017年11月6日，代理机构G公司发布招标公告，此后组织了开标、评标工作。12月7日，代理机构G公司发布中标公告，S公司为中标供应商。12月11日，供应商J公司提出质疑，认为中标公告未公布未中标供应商的评审得分及排序。同日，代理机构G公司答复质疑并发布更正公告。12月14日，J公司提出二次质疑。12月25日，代理机构G公司答复二次质疑。

2018年1月8日，J公司向财政部提起投诉，投诉事项为：评标委员会以J公司投标文件未密封完好而认定其投标无效，代理机构G公司开标程序不合法、不合规。

财政部依法受理本案，并向相关当事人调取证据材料。

代理机构G公司称：（1）开标现场，S公司投标代表提出J公司投标文件的外包装存在开口现象，J公司投标代表表示里面还有三层完整包装。因开口较小，代理机构G公司工作人员无充分依据判断是否按照招标文件要求密封，故在开标现场未拒收J公司的投标文件。（2）评标开始前，代理机构G公司工作人员向评标委员会反映J公司投标文件内部无其他密封包装。评标委员会认为J公司投标文件未按招标文件要求密封，不能通过符合性审查。

经查，本项目招标文件中的投标文件的密封和标注部分要求，投标文件、唱标的开标一览表以及电子文档未密封完好的，采购代理机构应当拒收。第七章评标办法中符合性检查部分要求，依据《政府采购货物和服务招标投标管理办法》（财政部令第87号）第50条的规定，符合性检查由评标委员会进行审查，评标委员会依据本招标文件的实质性要求，对符合资格的投标文件进行审查，以确定其是否满足本招标文件的实质性要求。投标人投标文件属于下列情况之一的，在符合性检查时按照无效投标处理：（1）投标文件正副本及电子文档数量不足的；（2）未按照招标文件规定要求签署、盖章的；（3）投标报价不符合招标文件规定的报价要求的；（4）技术、服务应答内容没有完全响应招标文件的实质性要求的；（5）投标文件含有采购人不能接受的附加条件的；（6）招标文件规定的其他无效情形。

《投标文件密封情况检查表》显示，J公司与其他供应商投标代表互相检查投标文件是否密封，S公司投标代表认为J公司投标文件有开口。《开标过程记录表》显示，J公司与其他供应商投标代表对开标过程和开标记录无异议，并签字确认。《评标报告》显示，评标委员会认为J公司投标文件未按照招标文件要求密封完整，不能通过符合性审查。

开标现场录音录像显示，S公司投标代表提出J公司投标文件有开口，代理机构G公司工作人员表示有两厘米左右的开口，后代理机构G公司工作人员组织唱标，并拆封J公司投标文件，J公司投标文件用三层纸张封装。评标现场录音录像显示，代理机构G公司工作人员向评标委员会陈述，它有一个大概两厘米的口，但是其轻轻地拉开来看，看不到里面的文字。

处理结果

根据《政府采购供应商投诉处理办法》（财政部令第20号）第十七条第（三）项的规定，投诉事项成立。

相关当事人在法定期限内未就处理决定申请行政复议、提起行政诉讼。

处理理由

经调阅现场录音录像，J公司提交的密封的投标文件外包装处有一道约两厘米的开口，代理机构G公司工作人员表示通过此开口不能看到投标文件内容，并未当场拒收。对投标文件密封完好的要求应当在合理范围内，不能过于机械地追求形式合规，增加供应商政府采购交易成本。本案中，虽然J公司投标文件外封装存在轻微瑕疵，但不实质影响封闭性，不能仅以此认定J公司投标无效。

其他应注意事项

对投标文件的密封检查应由采购人、采购代理机构完成。

相关依据

《政府采购货物和服务招标投标管理办法》（财政部令第87号）第三十三条、第六十九条

第三十三条　投标人应当在招标文件要求提交投标文件的截止时间前，将投标文件密封送达投标地点。采购人或者采购代理机构收到投标文件后，应当如实记载投标文件的送达时间和密封情况，签收保存，并向投标人出具签收回执。任何单位和个人不得在开标前开启投标文件。

逾期送达或者未按照招标文件要求密封的投标文件，采购人、采购代理机构应当拒收。

第六十九条　采购人或者采购代理机构应当自中标人确定之日起2个工作日内，在省级以上财政部门指定的媒体上公告中标结果，招标文件应当随中标结果同时公告。

中标结果公告内容应当包括采购人及其委托的采购代理机构的名称、地址、联系方式，项目名称和项目编号，中标人名称、地址和中标金额，主要中标标的的名称、规格型号、数量、单价、服务要求，中标公告期限以及评审专家名单。

中标公告期限为1个工作日。

邀请招标采购人采用书面推荐方式产生符合资格条件的潜在投

标人的，还应当将所有被推荐供应商名单和推荐理由随中标结果同时公告。

在公告中标结果的同时，采购人或者采购代理机构应当向中标人发出中标通知书；对未通过资格审查的投标人，应当告知其未通过的原因；采用综合评分法评审的，还应当告知未中标人本人的评审得分与排序。

《政府采购供应商投诉处理办法》（财政部令第20号）第十七条

第十七条 财政部门经审查，对投诉事项分别作出下列处理决定：

（一）投诉人撤回投诉的，终止投诉处理；

（二）投诉缺乏事实依据的，驳回投诉；

（三）投诉事项经查证属实的，分别按照本办法有关规定处理。

案例讲解

（一）投标文件的密封检查

《联合国国际贸易法委员会货物、工程和服务采购示范法》第三十条投标书的提交规定，"（5）（a）除（b）项规定外，投标书应以书面形式、加具签字并装入密封信袋内提交；（b）在不损及供应商或承包商以（a）项所述形式提交投标书的权利的同时，投标书还可通过招标文件中规定的任何其他形式提交，但条件是这种形式应能提供投标书内容的记录，并至少具有同等程序的真实性、安全性和保密性；（c）采购实体应根据请求，向供应商或承包商提供一份收据，表明收到投标书的日期和时间"。另外，《中华人民共和国招标投标法》第三十六条第一款规定，开标时，由投标人或者其推选的代表检查投标文件的密封情况，也可以由招标人委托的公证机构检查并公证；经确认无误后，由工作人员当众拆封，宣读投标人名称、投标价格和投标文件的其他主要内容。《中华人民共和国招标投标法实施条例》第三十六条规定，未通过资格预审的申请人提交的投标文件，以及逾期送达或者不按照招标文件要求密封的投标文件，招标人应当拒收。招标人应当如实记载投标文件的送达时间和密封情况，并存档备查。

虽然《中华人民共和国政府采购法》及其实施条例未规定投标文件密封检查等投标事宜，但是《政府采购货物和服务招标投标管理办法》（财政部令第87号）对投标文件密封检查作了相应规定。密封检查主要分为两个阶段：（一）开标现场。在早期的招标中，许多招标活动中提交投标文件截止时间和开标时间之间有一段时间差。实践中，供应商为了保证在投标截止时间之前送达，往往会提前几天寄出投标文件。为了保证投标文件送达采购人、代理机构到开标前这段时间其内容不被泄露、篡改，需要在开标前由投标人检查投标文件的密封情况，观察投标文件是否曾被提前开启。(二)接收投标文件。如果在开标时发现了问题，则意味着采购人有舞弊行为或者没有妥善保管投标文件，采购人、代理机构很可能因此被追究责任。为了排除自身的责任，采购人、代理机构有必要在接收投标文件时预先对投标文件进行一次密封检查，如实记载投标文件的送达时间和密封情况，并向投标人出具签收回执，以分清责任，降低开标时的风险。总而言之，投标文件经过投标人密封后，如果有人打开密封，密封就会损坏，并且无法复原，密封检查的主要目的是防止投标内容被泄露或替换。

由于相关法律法规中没有明确密封的概念，实践中采购人、代理机构的招标习惯和从业人员的经验与水平也不尽相同，因此，为了防止由于对密封概念理解的不一致对采购程序造成不必要的影响，采购人、代理机构应在招标文件中对投标文件"密封"的方式提出明确、具体的要求，防止投标人按照自己的理解去密封投标文件。同时，采购人和代理机构对投标文件密封完好的要求应当在合理范围内，不能过于机械地追求形式合规，增加供应商政府采购交易成本。

(二)依法依规做好采购档案保存工作

政府采购由于涉及方方面面的利益，因此，其整个采购过程都应当遵守相关法律法规的规定，对招投标过程中档案的收集、保存和管理也不能忽视，任何环节档案的缺失，对于政府采购争议的处理都会带来重大的影响。

《中华人民共和国政府采购法》第四十二条规定，采购文件的保存期限为从采购结束之日起至少保存十五年。《政府采购货物和服务招标投标管理办法》（财政部令第87号）第三十九条第二款规定，采购人或者采购代理机构应当对开标、评标现场活动进行全程录音录像。录音录像应当清晰可辨，音像资料作为采购文件一并存档。第七十六条规定，采购人、采购代理机构应当建立真实完整的招标采购档案，妥善保存每项采购活动的采购文件。《财政部关于进一步规范政府采购评审工作有关问题的通知》（财库〔2012〕69号）第二部分规定，省级以上政府集中采购机构和政府采购甲级代理机构，应当对评审工作现场进行全过程录音录像，录音录像资料作为采购项目文件随其他文件一并存档。可见，录音录像资料属于政府采购活动的基础档案，应当按规定进行保存。

案例 12

Z歌剧院舞美灯光设备采购项目举报案

关键词

特定业绩　评审因素　差别歧视待遇

案例要点

采购人、采购代理机构不得将为特定主体服务的业绩作为评审因素。

案例详情

基本案情

采购人Z歌剧院委托代理机构M公司就Z歌剧院舞美灯光设备采购项目（以下简称本项目）进行公开招标。2017年8月14日，代理机构M公司发布招标公告。9月8日，代理机构M公司发布更正公告，修改招标文件，此后组织了开标、评标工作。9月26日，代理机构M公司发布中标公告，A公司为中标供应商。

2018年2月5日，财政部收到关于本项目的举报材料。举报人反映：（1）招标文件将H公司生产的产品H-1400作为唯一指定品牌及型号，技术参数按H-1400技术规格设定，具有明显倾向性。（2）招标文件设置20分用户反馈意见的评审因素，A公司作为销售代理公司，所提供的用户反馈意见都是建立在销售C公司产品的基础上取得的。而评标委员会对C公司提供的大部分用户反馈意见予以否认，严重侵害C公司的合法权益。（3）S公司和Q公司不具有生产招标产品的能力，A公司、S公司和Q公司涉嫌恶意串通。

财政部依法启动监督检查程序，并向相关当事人调取证据材料。

采购人Z歌剧院称：（1）本项目招标事宜全权委托代理机构M公司进行。（2）招标公告发布期间，相关供应商对招标文件提出质疑，采购人修改招标文件相关内容后，有3家以上供应商能够满足要求。（3）本项目尚未签订政府采购合同。

代理机构M公司称：（1）其与采购人Z歌剧院共同编制招标文件，最终发售的招标文件经采购人Z歌剧院修改并经专家论证，综合考虑了本项目的实际需求和市场竞争性等因素。（2）本项目评标委员会依法组建，未发现存在评分结果不公正的情况。（3）现有证据无法判定A公司、S公司和Q公司之间存在恶意串通的情形。

经查，本项目招标文件设置灯具的参考型号为H-1400。评审因素用户反馈意见要求，投标方提供合作并服务于W部直属院团舞台设备的售后维护保养的用户反馈意见，必须对投标方作出满意或优秀的评价。每提供一份2.5分，满分20分。本项目更正公告删除了灯具的参考型号，修改了相关技术参数。

C公司投标文件中提供了30份用户反馈意见函，2份由W部直属院团出具。A公司投标文件中提供了8份用户反馈意见函，均由W部直属院团出具，其中2份显示供货产品的制造商为C公司。

W部直属院团共9家，包括Z歌剧院、X京剧院、X话剧院、X歌剧舞剧院、X交响乐团、X儿童艺术剧院、X芭蕾舞团、X民族乐团、X演艺集团有限公司。

处理结果

举报人反映的问题均缺乏事实依据。

鉴于本项目采购活动中出现了影响采购公正的违法、违规行为，根据《中华人民共和国政府采购法》第三十六条第一款第（二）项的规定，责令采购人废标。

根据《中华人民共和国政府采购法》第七十一条第（三）项的规定，责令采购人Z歌剧院和代理机构M公司限期改正，对采购人

Z歌剧院和代理机构M公司分别作出了警告的行政处罚。

中标供应商A公司不服监督检查处理决定申请行政复议，申请撤销监督检查处理决定。A公司的复议理由为：监督检查处理决定认定的问题确实存在，但其中标后积极备货，采购人Z歌剧院一直未与其签订政府采购合同，违反了先合同义务，对于招标文件存在问题造成的不利后果，应由采购人Z歌剧院承担相应责任。

复议机关作出行政复议决定，认为举报人反映的问题均缺乏事实依据，监督检查处理决定并无不妥，予以维持。

相关当事人在法定期限内未就行政复议决定提起行政诉讼。

处理理由

关于举报人反映的问题（1），采购人Z歌剧院及代理机构M公司在接收质疑函后，对招标文件进行了修改，删除了灯具的参考型号，修改了相关技术参数。评标委员会认为4家投标供应商均满足招标文件要求。现有证据不足以证明招标文件相关内容具有倾向性。

关于举报人反映的问题（2），A公司投标文件中提供了8份用户反馈意见函，均为W部直属院团出具，符合招标文件要求。C公司投标文件中提供了30份用户反馈意见函，其中2份为W部直属院团出具，符合招标文件要求，其余28份用户反馈意见函不符合招标文件要求。评标委员会按照招标文件规定的评审标准进行评审，其认定及评分并无不当。

关于举报人反映的问题（3），招标文件要求供应商具有生产或供应能力，相关供应商投标文件中提供了制造商授权、合同业绩等证明材料，评标委员会认为4家投标供应商均满足招标文件相关要求。经查阅相关供应商投标文件，未发现存在恶意串通的情形。

此外，本项目招标文件将提供合作并服务于W部直属院团舞台设备的售后维护保养的用户反馈意见设置为评审因素，考虑到W部直属院团的舞台设备与其他院团的舞台设备没有实质区别，上述评审因素构成以不合理的条件对供应商实行差别待遇或者歧视待遇。

其他应注意事项

（1）采购人、采购代理机构不得将为特定主体服务的业绩作为资格条件。

（2）供应商与采购人、采购代理机构之间的赔偿责任应当通过民事争议解决途径予以解决。

相关依据

《中华人民共和国政府采购法》第二十二条、第三十六条、第七十一条

第二十二条 供应商参加政府采购活动应当具备下列条件：

（一）具有独立承担民事责任的能力；

（二）具有良好的商业信誉和健全的财务会计制度；

（三）具有履行合同所必需的设备和专业技术能力；

（四）有依法缴纳税收和社会保障资金的良好记录；

（五）参加政府采购活动前三年内，在经营活动中没有重大违法记录；

（六）法律、行政法规规定的其他条件。

采购人可以根据采购项目的特殊要求，规定供应商的特定条件，但不得以不合理的条件对供应商实行差别待遇或者歧视待遇。

第三十六条　在招标采购中，出现下列情形之一的，应予废标：

（一）符合专业条件的供应商或者对招标文件作实质响应的供应商不足三家的；

（二）出现影响采购公正的违法、违规行为的；

（三）投标人的报价均超过了采购预算，采购人不能支付的；

（四）因重大变故，采购任务取消的。

废标后，采购人应当将废标理由通知所有投标人。

第七十一条　采购人、采购代理机构有下列情形之一的，责令限期改正，给予警告，可以并处罚款，对直接负责的主管人员和其他直接责任人员，由其行政主管部门或者有关机关给予处分，并予通报：

（一）应当采用公开招标方式而擅自采用其他方式采购的；

（二）擅自提高采购标准的；

（三）以不合理的条件对供应商实行差别待遇或者歧视待遇的；

（四）在招标采购过程中与投标人进行协商谈判的；

（五）中标、成交通知书发出后不与中标、成交供应商签订采购合同的；

（六）拒绝有关部门依法实施监督检查的。

《中华人民共和国政府采购法实施条例》第二十条

第二十条　采购人或者采购代理机构有下列情形之一的，属于以不合理的条件对供应商实行差别待遇或者歧视待遇：

（一）就同一采购项目向供应商提供有差别的项目信息；

（二）设定的资格、技术、商务条件与采购项目的具体特点和实际需要不相适应或者与合同履行无关；

（三）采购需求中的技术、服务等要求指向特定供应商、特定产品；

（四）以特定行政区域或者特定行业的业绩、奖项作为加分条件或者中标、成交条件；

（五）对供应商采取不同的资格审查或者评审标准；

（六）限定或者指定特定的专利、商标、品牌或者供应商；

(七)非法限定供应商的所有制形式、组织形式或者所在地;

(八)以其他不合理条件限制或者排斥潜在供应商。

案例讲解

(一)不得限定或者指定特定的品牌[①]

公平竞争是政府采购的基本原则,应该允许符合采购需求的所有供应商均能参与竞争。只有这样,才能通过广泛而充分的竞争使采购人采购到最符合需求且价格合理的货物和服务。如采购人在采购文件中指定了某个或某些产品或服务的品牌,则必然会限制其他品牌参与此次政府采购活动,难以实现各品牌的公平竞争,既损害了供应商的权益,也会最终导致政府采购活动难以实现"物有所值"。

虽然采购人委托了代理机构从事政府采购代理活动,但采购文件的编制是由采购人和代理机构共同完成的,且经采购人书面确认。所以,采购人和代理机构须对采购文件编制中的违法行为共同承担责任。实践中,代理机构作为专业机构,应当熟知政府采购法律法规与程序规定,在发现采购人提供的技术需求存在倾向性或其

---

① 参见《案例五:指定货物品牌行不行?》,中国政府采购网,2016年11月21日,http://www.ccgp.gov.cn/aljd/201611/t20161121_7606026.htm。

行为有不当之处时，应当及时指出，并要求采购人改正。

（二）类似业绩的设定不得涉及特定区域、特定行业

采购人可以通过将类似项目的业绩作为评审因素来考察供应商的履约能力，也可以结合项目的特殊需求将类似业绩作为资格条件。但是，应当注意类似业绩的设定不得涉及特定区域、特定行业。根据《中华人民共和国政府采购法实施条例》第二十条第一款第（四）项的规定，以特定行政区域或者特定行业的业绩、奖项作为加分条件或者中标、成交条件的，属于以不合理的条件对供应商实行差别待遇或者歧视待遇的情形。

实践中，采购人、代理机构可能将供应商在特定的行政区域内完成的类似项目，或者将供应商具备为某一特定主体服务的业绩作为评审因素。此类业绩在本质上与其他非特定区域、特定主体的业绩没有本质区别，实质上却阻碍了供应商的公平竞争，属于对供应商实行差别待遇或者歧视待遇的情形。

Y气象台气象观测与信息一体化平台项目投诉案

关键词

复核程序　提供虚假材料谋取中标　违法行为认定

案例要点

在没有质疑等法定事由的情况下,采购人不应自行启动复核程序。如发现违法行为线索的,应报财政部门处理。

供应商应当对响应内容的真实性、合法性承担相应责任。

案例详情

基本案情

采购人Y气象台委托代理机构Z公司就Y气象台气象观测与信

息一体化平台项目（以下简称本项目）进行公开招标。2017年7月26日，代理机构Z公司发布招标公告，并于8月22日组织开标、评标工作，共有7家供应商参与投标。8月30日，代理机构Z公司发布中标公告，D公司为中标供应商。8月31日，T公司提出质疑。9月1日，代理机构Z公司答复质疑。

9月21日，T公司向财政部提起投诉，投诉事项为：（1）采购人Y气象台未在法定期限内公布中标结果，违反了《中华人民共和国招标投标法实施条例》第五十四条的规定。（2）Q公司、S公司、V公司、W公司报价非常接近，涉嫌恶意串通。

财政部依法受理本案，并向相关当事人调取证据材料。

代理机构Z公司称：（1）评标委员会经综合评审，推荐D公司为第一中标候选人。采购人Y气象台在复查确认中标结果时，发现D公司投标文件存在问题，给予D公司解释时间，因此8月30日才在网上公示结果。（2）代理机构Z公司接到D公司主动放弃中标的通知后，向采购人Y气象台汇报情况，采购人Y气象台在确认第二中标候选人Q公司满足招标要求的情况下，确定Q公司为中标供应商。

采购人Y气象台称：（1）评标委员会推荐D公司为第一中标候选人。经与D公司沟通，发现D公司投标文件中提供的《中国国家强制性产品认证证书》与官网查询结果不符，涉嫌提供虚假材料，要求D公司进行解释，导致延误确定中标供应商。采购人Y气象台于9月10日收到代理机构Z公司关于D公司放弃中标资格的通知，在确认第二中标候选人Q公司满足招标要求的情况下，答复代理机构Z公司同意Q公司为中标供应商，并与Q公司签订政府采购合同，现准备进行项目验收。（2）本项目招标文件提供了总预算价，共有7家供应商投标，整体竞争较激烈。

经查，D公司、Q公司投标文件中提供的《中国国家强制性产品认证证书》与出具单位的存档证书不一致。

处理结果

根据《政府采购供应商投诉处理办法》（财政部令第20号）第十七条第（二）项的规定，投诉事项（1）、（2）缺乏事实依据，驳回投诉。

根据《中华人民共和国政府采购法》第七十七条第二款的规定，本项目供应商中标无效。鉴于本项目政府采购合同已经履行，根据《政府采购供应商投诉处理办法》（财政部令第20号）第十九条第（三）项的规定，决定本项目采购活动违法。

根据《政府采购货物和服务招标投标管理办法》（财政部令第18号）第八十二条的规定，责令采购人Y气象台、代理机构Z公司整改。

在行政处罚阶段，财政部向D公司、Q公司分别送达行政处罚事项告知书，告知其存在提供虚假材料谋取中标的情形。Q公司申辩称，其投标文件中的《中国国家强制性产品认证证书》由制造商M公司提供，其未进行任何修改，对证书与出具单位的存档证书是否一致并不知情，也无从核实。

关于Q公司的申辩理由，财政部认为：制造商M公司并不是参加政府采购活动的当事人，供应商Q公司对其投标文件的真实性、合法性负有审慎的审查义务，将第三方提供的虚假材料予以提交的，应当承担相应的法律责任。

根据《中华人民共和国政府采购法》第七十七条第一款第（一）项的规定，对D公司、Q公司分别作出处以采购金额千分之五的罚款，列入不良行为记录名单，一年内禁止参加政府采购活动的行政处罚。

相关当事人在法定期限内未就处理处罚决定申请行政复议、提起行政诉讼。

处理理由

关于投诉事项（1），代理机构Z公司于8月22日组织开标、评标，8月30日发布中标公告，未违反《中华人民共和国政府采购法实施条例》第四十三条的规定。

关于投诉事项（2），经查阅相关供应商投标文件，未发现存在恶意串通的情形。

此外，采购人、采购代理机构发现违法行为线索的，应报财政部门处理。本项目采购人Y气象台、代理机构Z公司未将第一中标候选人D公司涉嫌提供虚假材料谋取中标的情况报财政部认定中标无效，自行确定第二中标候选人Q公司为中标供应商的行为，违反了《政府采购货物和服务招标投标管理办法》（财政部令第18号）第八十二条的规定。

其他应注意事项

（1）供应商放弃中标的应当承担法律责任。

（2）财政部门应加强对放弃中标行为的审查。

相关依据

《中华人民共和国政府采购法》第七十七条

第七十七条　供应商有下列情形之一的，处以采购金额千分之五以上千分之十以下的罚款，列入不良行为记录名单，在一至三年内禁止参加政府采购活动，有违法所得的，并处没收违法所得，情节严重的，由工商行政管理机关吊销营业执照；构成犯罪的，依法追究刑事责任：

（一）提供虚假材料谋取中标、成交的；

（二）采取不正当手段诋毁、排挤其他供应商的；

（三）与采购人、其他供应商或者采购代理机构恶意串通的；

（四）向采购人、采购代理机构行贿或者提供其他不正当利益的；

（五）在招标采购过程中与采购人进行协商谈判的；

（六）拒绝有关部门监督检查或者提供虚假情况的。

供应商有前款第（一）至（五）项情形之一的，中标、成交无效。

《中华人民共和国政府采购法实施条例》第四十三条

第四十三条　采购代理机构应当自评审结束之日起2个工作日内将评审报告送交采购人。采购人应当自收到评审报告之日起5个工作日内在评审报告推荐的中标或者成交候选人中按顺序确定中标或者成交供应商。

采购人或者采购代理机构应当自中标、成交供应商确定之日起2个工作日内，发出中标、成交通知书，并在省级以上人民政府财政部门指定的媒体上公告中标、成交结果，招标文件、竞争性谈判文件、询价通知书随中标、成交结果同时公告。

中标、成交结果公告内容应当包括采购人和采购代理机构的名称、地址、联系方式，项目名称和项目编号，中标或者成交供应商名称、地址和中标或者成交金额，主要中标或者成交标的的名称、规格型号、数量、单价、服务要求以及评审专家名单。

《政府采购货物和服务招标投标管理办法》（财政部令第18号）第八十二条

第八十二条 有本办法规定的中标无效情形的，由同级或其上级财政部门认定中标无效。中标无效的，应当依照本办法规定从其他中标人或者中标候选人中重新确定，或者依照本办法重新进行招标。

《政府采购供应商投诉处理办法》（财政部令第20号）第十七条、第十九条

第十七条 财政部门经审查，对投诉事项分别作出下列处理决定：

（一）投诉人撤回投诉的，终止投诉处理；

（二）投诉缺乏事实依据的，驳回投诉；

（三）投诉事项经查证属实的，分别按照本办法有关规定处理。

第十九条 财政部门经审查，认定采购文件、采购过程影响或者可能影响中标、成交结果的，或者中标、成交结果的产生过程存在违法行为的，按下列情况分别处理：

（一）政府采购合同尚未签订的，分别根据不同情况决定全部

或者部分采购行为违法,责令重新开展采购活动;

(二)政府采购合同已经签订但尚未履行的,决定撤销合同,责令重新开展采购活动;

(三)政府采购合同已经履行的,决定采购活动违法,给采购人、投诉人造成损失的,由相关责任人承担赔偿责任。

案例讲解

(一)供应商对其响应文件内容的真实性负责[①]

诚实信用是《中华人民共和国政府采购法》确立的基本原则之一,政府采购各方当事人均应遵循。供应商本着诚实信用原则参与政府采购活动,应当对提供材料的真实性负责,无论该材料是其自己制作,还是从第三方获得。对于从第三方获得的材料,供应商未尽审慎注意义务,导致违法行为发生的,供应商也应当对此承担法律责任。对于供应商与第三方之间因提供虚假材料产生的纠纷,可循民事途径另行救济。

供应商所提供的材料是否为采购文件明确要求,不影响虚假材料的认定。即便供应商提供的虚假材料不是采购文件所要求的,也

[①] 参见黄建波:《提供招标文件中未做要求的虚假材料该如何处理?》,载于《中国招标》2019年第16期。

构成提供虚假材料谋取成交。供应商参与政府采购活动的目的就是为了成交,而响应文件是决定供应商是否成交的唯一依据,即使采购文件没有要求,供应商也会因为某些材料很重要或者有助于其获得成交资格,而将相关材料放入响应文件,此类材料属于响应文件的组成部分,供应商同样需要对其真实性负责。

此外,供应商提供的虚假材料涉嫌伪造、变造国家机关公文、印章罪的,财政部门应移送司法部门进行处理。

(二)区分复核与重新评审[①]

复核是指评审结果汇总完成后至评审报告签署完成前,采购人、代理机构和评审委员会成员对评审意见的检查。经过复核发现评审结果确需修改的,评审委员会应当现场修改评审结果,并在评审报告中明确记载。

重新评审是指评审委员会成员签署了评审报告,评审活动完成后,原评审委员会成员对自己评审意见的重新检查。除财政部规定的情形外,采购人、代理机构不得以任何理由组织重新评审。

两者的区别是发生的时间段不同,以评审报告签署完成为界。评审未结束为复核,评审结束后为重新评审。供应商质疑后,为了

---

① 参见财政部国库司、财政部政府采购管理办公室、财政部条法司、国务院法制办公室财金司编著:《中华人民共和国政府采购法实施条例释义》,中国财政经济出版社2015年版。

提高效率，采购人或代理机构可以组织原评审委员会将重新评审和配合协助答复工作合二为一，一次完成。经重新评审确定原评审报告中存在错误的应当纠正错误，改变原中标成交结果的，应当书面报告本级财政部门，因质疑改变的应报财政部门备案。

所以，采购人、代理机构在评审结束后发现评审存在错误，除可以重新评审的情形外，其他情况均应提请本级财政部门依法对评审结果进行监督检查。

案例 14

A 采购中心新闻宣传设备及耗材采购项目投诉案

关键词

采购需求　采购方式　询价　最低价成交

案例要点

采购人、采购代理机构应根据项目需求合理确定采购方式。

符合询价方式的采购项目，采购人、采购代理机构不得在法定条件之外设定不合理条件。

案例详情

基本案情

采购人 A 采购中心就 A 采购中心新闻宣传设备及耗材采购项目

（以下简称本项目）进行询价采购。2017年12月14日，A采购中心发布询价公告，并于12月21日组织询价。12月26日，A采购中心发布成交公告，S公司为成交供应商。12月29日，Q公司提出质疑。2018年1月5日，A采购中心答复质疑。

2018年1月24日，Q公司向财政部提起投诉，投诉事项为：本项目采用询价方式，其报价最低，却不是成交供应商，不符合相关规定。

财政部依法受理本案，并向相关当事人调取证据材料。

A采购中心称：（1）Q公司响应文件中仅提供了产品的规格型号及技术指标，未按询价通知书第14项要求提供产品技术介绍、安装及运输条件等内容。询价小组以Q公司未按询价通知书要求提供★条款的技术说明为由，拒绝Q公司报价。（2）Q公司响应文件未按询价通知书第15项要求出具生产商针对本项目的原厂售后服务承诺函，虽然该要求不是★条款，但与其他供应商相比，Q公司不符合《中华人民共和国政府采购法》第四十条的规定，所以拒绝了Q公司的报价。（3）本项目已签订政府采购合同，但尚未履行。

经查，本项目询价通知书第二篇报价资料表及报价人须知中报价文件的组成部分要求，★提供制造厂商报价产品的技术说明，包括产品技术介绍、产品的规格型号及技术指标、安装及运输条件等；报价人须对采购清单中第1项全画幅微单机身+（28~70mm）

镜头，第8项切换台，第9项摄像机提供由生产商出具针对本项目的原厂售后服务承诺函（格式自拟）。询价通知书第三篇设备清单及技术需求要求，★以上为所需设备的最低配置标准，低于该标准的响应不予接受。

Q公司响应文件商务条款偏离表对货物安装及运输条件作出应答，包含以下内容：价格所报总价为项目现场交货价，已包括报价设备的设计、制作、运输到指定现场、保险、现场临时保管、卸货、搬运就位、售后服务等各项费用；到货后，公司将在收到通知后3个工作日内派技术人员到达，对设备进行就位安装调试，负责全部设备安装、加电、运行调试、就位费用、所有的安装符合安全标准，布线及机器的摆放美观、实用。Q公司响应文件制造厂商报价产品的技术说明的内容与技术偏离表的内容一致。Q公司响应文件中未提供原厂售后服务承诺函，应答为如果其能成为此次报价的供应商，其将出具针对本项目的原厂售后服务承诺函，并将此条款签订在合同里。

本项目共有4家供应商参与询价，Q公司报价最低。《评审报告》显示，Q公司未按询价通知书要求提供产品技术说明和原厂售后服务承诺函，Q公司报价被拒绝。

处理结果

根据《政府采购供应商投诉处理办法》（财政部令第20号）第

十七条第（三）项的规定，投诉事项成立。

根据《政府采购供应商投诉处理办法》（财政部令第20号）第十九条第（二）项的规定，决定撤销合同，责令重新开展采购活动。

根据《中华人民共和国政府采购法》第四十条、《政府采购非招标采购方式管理办法》（财政部令第74号）第四十四条的规定，责令A采购中心限期改正。

相关当事人在法定期限内未就处理处罚决定申请行政复议、提起行政诉讼。

处理理由

根据《中华人民共和国政府采购法》第三十二条的规定，询价方式适用于规格、标准统一、现货货源充足且价格变化幅度小的货物采购，价格是主要比较因素。如果采购人对货物的质量与服务有特殊需求的，应当采用其他合适的方式进行采购。本案中，Q公司响应文件中提供了相关产品技术介绍、安装及运输条件等内容，满足询价通知书关于★提供制造厂商报价产品的技术说明的要求。询价通知书关于提供由生产商出具针对本项目的原厂售后服务承诺函的规定不属于实质性条款，询价小组以此为由拒绝Q公司报价的行为不当。

相关依据

《中华人民共和国政府采购法》第三十二条、第四十条

第三十二条　采购的货物规格、标准统一、现货货源充足且价格变化幅度小的政府采购项目，可以依照本法采用询价方式采购。

第四十条　采取询价方式采购的，应当遵循下列程序：

（一）成立询价小组。询价小组由采购人的代表和有关专家共三人以上的单数组成，其中专家的人数不得少于成员总数的三分之二。询价小组应当对采购项目的价格构成和评定成交的标准等事项作出规定。

（二）确定被询价的供应商名单。询价小组根据采购需求，从符合相应资格条件的供应商名单中确定不少于三家的供应商，并向其发出询价通知书让其报价。

（三）询价。询价小组要求被询价的供应商一次报出不得更改的价格。

（四）确定成交供应商。采购人根据符合采购需求、质量和服务相等且报价最低的原则确定成交供应商，并将结果通知所有被询价的未成交的供应商。

《政府采购非招标采购方式管理办法》（财政部令第74号）第四十四条

第四十四条　询价采购需求中的技术、服务等要求应当完整、明确，符合相关法律、行政法规和政府采购政策的规定。

《政府采购供应商投诉处理办法》（财政部令第20号）第十七条、第十九条

第十七条　财政部门经审查，对投诉事项分别作出下列处理决定：

（一）投诉人撤回投诉的，终止投诉处理；

（二）投诉缺乏事实依据的，驳回投诉；

（三）投诉事项经查证属实的，分别按照本办法有关规定处理。

第十九条　财政部门经审查，认定采购文件、采购过程影响或者可能影响中标、成交结果的，或者中标、成交结果的产生过程存在违法行为的，按下列情况分别处理：

（一）政府采购合同尚未签订的，分别根据不同情况决定全部或者部分采购行为违法，责令重新开展采购活动；

（二）政府采购合同已经签订但尚未履行的，决定撤销合同，责令重新开展采购活动；

（三）政府采购合同已经履行的，决定采购活动违法，给采购人、投诉人造成损失的，由相关责任人承担赔偿责任。

案例讲解

询价采购方式的适用

《中华人民共和国政府采购法》第三十二条规定的询价方式是一种便捷高效的采购方式，用于采购的货物规格、标准统一、现货货源充足且价格变化幅度小的政府采购项目。对于此类项目，如果未达到公开招标数额标准，或者达到公开招标数额标准、经批准采用非公开招标方式的货物可以采取询价采购方式。同时，询价方式也是目前电子卖场和网上竞价等采购形式的法律依据。

适用询价方式时应同时满足以下几点：第一，采购的对象必须是货物，工程和服务类项目不适用询价采购；第二，货物的规格、标准必须统一，定制化、个性化等具备特殊要求的货物不适用询价采购；第三，货物应该是现货且货源充足，而不是期货；第四，货物的价格变化不大。

案例 15

D 大学智慧校园软件平台采购项目举报案

关键词

高校、科研院所　科研仪器设备　评审专家抽取

案例要点

高校、科研院所采购科研仪器设备，应严格执行相关政策规定，不应做扩大化适用。

评审专家抽取不合法的，其评审意见无效。财政部门可以不再对相关事项进行审查。

案例详情

基本案情

采购人D大学委托代理机构Z公司就D大学智慧校园软件平台采购项目（以下简称本项目）进行公开招标。2017年6月26日，代理机构Z公司发布招标公告，此后组织了开标、评标工作。7月6日，代理机构Z公司发布中标公告，F公司为中标供应商。

9月21日，财政部收到关于本项目的举报材料。举报人反映：（1）本项目未从政府采购评审专家库中抽取评审专家，评审主体不适格。（2）评标委员会认定X公司投标报价低于成本价没有依据。

财政部依法启动监督检查程序，并向相关当事人调取证据材料。

采购人D大学和代理机构Z公司称：（1）中央高校、科研院所采购科研仪器设备的，可在政府采购评审专家库外自行选择评审专家。因此，本项目未从财政部专家库中抽取专家。（2）关于X公司报价问题，评标委员会经对X公司进行现场询问，X公司未就其报价低于成本价作出合理解释，评标委员会认定X公司投标无效。

经查，《D大学招标采购评审专家随机抽选结果表单》中抽选方法及原则要求，根据《中华人民共和国招标投标法》及其实施条例、《中华人民共和国政府采购法》及其实施条例，以及财政部

《政府采购评审专家管理办法》(财库〔2016〕198号)和《D大学招标与采购特邀监察员制度暂行办法》等法律法规和规章制度的规定,由采购单位或采购代理机构的经办人,在有关部门的监督下,从招投标评委专家库和特邀监察员库中随机抽取专家,按拟定专家评委和特邀监察员人数,多抽取一定数量专家作为备选,并按先后顺序排列递补。

本项目未见政府采购评审专家库评审专家抽取记录。

处理结果

根据《中华人民共和国政府采购法实施条例》第三十九条、《政府采购货物和服务招标投标管理办法》(财政部令第18号)第四十八条及《关于完善中央单位政府采购预算管理和中央高校、科研院所科研仪器设备采购管理有关事项的通知》(财库〔2016〕194号)的规定,本项目评审专家抽取不合法。

鉴于本项目评审专家抽取不合法,其评审意见无效。财政部不再对举报人反映的价格评审问题进行审查。

根据《中华人民共和国政府采购法》第三十六条第一款第(二)项的规定,责令采购人废标。

根据《中华人民共和国政府采购法》第七十一条及《中华人民共和国政府采购法实施条例》第六十八条第(五)项的规定,责令采购人D大学和代理机构Z公司限期改正。

在行政处罚阶段，财政部向采购人D大学和代理机构Z公司送达行政处罚事项告知书，告知其存在未从政府采购评审专家库中抽取评审专家的情形。采购人D大学申辩称：本项目采购的产品为非办公类仪器设备，主要用于教学与研究，因此其按照《关于完善中央单位政府采购预算管理和中央高校、科研院所科研仪器设备采购管理有关事项的通知》（财库〔2016〕194号）的规定实施采购。同时，采购人D大学及时暂停项目，没有造成实际危害后果。

关于采购人D大学的申辩理由，财政部认为：本项目采购内容不属于科研仪器设备范畴，且实际上也不是由采购人D大学使用，而是由其附属中学使用，因此本项目不属于《关于完善中央单位政府采购预算管理和中央高校、科研院所科研仪器设备采购管理有关事项的通知》（财库〔2016〕194号）规定的情形。同时，拟作出的处罚幅度较轻，并无不合理之处。

根据《中华人民共和国政府采购法》第七十一条及《中华人民共和国政府采购法实施条例》第六十八条第（五）项的规定，对采购人D大学和代理机构Z公司分别作出了警告的行政处罚。

相关当事人在法定期限内未就处理处罚决定申请行政复议、提起行政诉讼。

处理理由

关于举报人反映的问题（1），本项目采购内容为D大学附属中学的智慧校园软件平台，不属于《关于完善中央单位政府采购预算管理和中央高校、科研院所科研仪器设备采购管理有关事项的通知》（财库〔2016〕194号）规定的情形。本项目未从政府采购评审专家库中抽取评审专家，违反了《中华人民共和国政府采购法实施条例》第三十九条和《政府采购货物和服务招标投标管理办法》（财政部令第18号）第四十八条的规定。

关于举报人反映的问题（2），鉴于本项目评审专家抽取不合法，其评审意见无效，财政部不再进行审查。

相关依据

《中华人民共和国政府采购法》第三十六条、第七十一条

第三十六条 在招标采购中，出现下列情形之一的，应予废标：

（一）符合专业条件的供应商或者对招标文件作实质响应的供应商不足三家的；

（二）出现影响采购公正的违法、违规行为的；

（三）投标人的报价均超过了采购预算，采购人不能支付的；

（四）因重大变故，采购任务取消的。

废标后，采购人应当将废标理由通知所有投标人。

第七十一条 采购人、采购代理机构有下列情形之一的，责令限期改正，给予警告，可以并处罚款，对直接负责的主管人员和其他直接责任人员，由其行政主管部门或者有关机关给予处分，并予通报：

（一）应当采用公开招标方式而擅自采用其他方式采购的；

（二）擅自提高采购标准的；

（三）以不合理的条件对供应商实行差别待遇或者歧视待遇的；

（四）在招标采购过程中与投标人进行协商谈判的；

（五）中标、成交通知书发出后不与中标、成交供应商签订采购合同的；

（六）拒绝有关部门依法实施监督检查的。

《中华人民共和国政府采购法实施条例》第三十九条、第六十八条

第三十九条 除国务院财政部门规定的情形外，采购人或者采购代理机构应当从政府采购评审专家库中随机抽取评审专家。

第六十八条 采购人、采购代理机构有下列情形之一的，依照政府采购法第七十一条、第七十八条的规定追究法律责任：

（一）未依照政府采购法和本条例规定的方式实施采购；

（二）未依法在指定的媒体上发布政府采购项目信息；

（三）未按照规定执行政府采购政策；

（四）违反本条例第十五条的规定导致无法组织对供应商履约情况进行验收或者国家财产遭受损失；

（五）未依法从政府采购评审专家库中抽取评审专家；

（六）非法干预采购评审活动；

（七）采用综合评分法时评审标准中的分值设置未与评审因素的量化指标相对应；

（八）对供应商的询问、质疑逾期未作处理；

（九）通过对样品进行检测、对供应商进行考察等方式改变评审结果；

（十）未按照规定组织对供应商履约情况进行验收。

《政府采购货物和服务招标投标管理办法》（财政部令第18号）第四十八条

第四十八条 招标采购单位应当从同级或上一级财政部门设立的政府采购评审专家库中，通过随机方式抽取评标专家。

招标采购机构对技术复杂、专业性极强的采购项目，通过随机方式难以确定合适评标专家的，经设区的市、自治州以上人民政府财政部门同意，可以采取选择性方式确定评标专家。

《关于完善中央单位政府采购预算管理和中央高校、科研院所科研仪器设备采购管理有关事项的通知》（财库〔2016〕194号）

中央高校、科研院所科研仪器设备采购，可在政府采购评审专家库外自行选择评审专家。自行选择的评审专家与供应商有利害关系的，应严格执行回避有关规定。评审活动完成后，中央高校、科研院所应在评审专家名单中对自行选定的评审专家进行标注，并随同中标、成交结果一并公告。

案例讲解

依法依规确定评审专家

《中华人民共和国政府采购法实施条例》第三十九条规定，除国务院财政部门规定的情形外，采购人或者采购代理机构应当从政府采购评审专家库中随机抽取评审专家。第六十八条第（五）项规定，采购人、采购代理机构未依法从政府采购评审专家库中抽取评审专家的，依照《中华人民共和国政府采购法》第七十一条、第七十八条的规定追究法律责任。

《政府采购货物和服务招标投标管理办法》（财政部令第87号）第四十八条规定，采购人或者采购代理机构应当从省级以上财政部门设立的政府采购评审专家库中，通过随机方式抽取评审专家。对技术复杂、专业性强的采购项目，通过随机方式难以确定合适评审专家的，经主管预算单位同意，采购人可以自行选定相应专业领域的评审专家。《政府采购非招标采购方式管理办法》（财政部令第74号）第七条、《政府采购竞争性磋商采购方式管理暂行办法》（财库〔2014〕214号）第十四条也作了类似规定。此处主管预算单位是指负有编制部门预算职责，向同级财政部门申报预算的国家机关、事业单位和团体组织。

根据《政府采购评审专家管理办法》（财库〔2016〕198号）的规定，政府采购评审专家库由财政部和省级财政部门建设。政府采购评审专家经过省级以上财政部门审核合格后，选聘入政府采购评审专家库。

由于科技研发领域具有行业的专业性和特殊性，中共中央办公厅、国务院办公厅印发《关于进一步完善中央财政科研项目资金管理等政策的若干意见》（中办发〔2016〕50号），改进中央高校、科研院所政府采购管理，中央高校、科研院所可自行采购科研仪器设备，自行选择科研仪器设备评审专家。随后，财政部印发了《关于完善中央单位政府采购预算管理和中央高校、科研院所科研仪器设备采购管理有关事项的通知》（财库〔2016〕194号）规定，中央高校、科研院所可自行选择科研仪器设备评审专家。中央高校、科研院所科研仪器设备采购，可在政府采购评审专家库外自行选择评审专家。自行选择的评审专家与供应商有利害关系的，应严格执行回避有关规定。评审活动完成后，中央高校、科研院所应在评审专家名单中对自行选定的评审专家进行标注，并随同中标、成交结果一并公告。

未依法依规选取确定评审专家的，实际上是评审工作的第一步就走歪了，进而导致后续的评审工作和评审结果无法得到认可。

X医院医疗设备采购项目投诉案

关键词

法律适用错误　投诉事项审查

案例要点

医疗设备属于货物，采购医疗设备应按照《中华人民共和国政府采购法》及相关法律法规执行。

对于法律适用错误的政府采购项目，财政部门不再对相关事项逐一审查。

案例详情

基本案情

采购人X医院委托代理机构Y公司就X医院医疗设备采购项目

（以下简称本项目）进行公开招标。2017年5月17日，代理机构Y公司发布招标公告，此后组织了开标、评标工作。8月31日，代理机构Y公司发布中标公示，B公司为第一中标候选人。9月1日，供应商A公司提出质疑。9月13日，代理机构Y公司答复质疑。9月28日，代理机构Y公司书面通知排名前三的投标供应商A公司为中标供应商。同日，B公司提出质疑。10月17日，采购人X医院答复质疑。

11月1日，B公司向财政部提起投诉，投诉事项为：（1）采购人X医院干预、影响评标工作。（2）采购人X医院无视评标委员会的评审结论，违规改变中标结果。（3）A公司不具备制造商针对本项目的唯一授权，不符合招标文件要求。（4）A公司具有不良记录，不符合招标文件要求。

财政部依法受理本案，并向相关当事人调取证据材料。

采购人X医院称：（1）评审现场，采购人X医院工作人员将前期调研情况向评标委员会简单介绍。（2）评标结果公示后，A公司提出质疑，代理机构Y公司组织原评标委员会对质疑事项进行复核。采购人X医院基于原评标委员会的复核结果组织党政联席会，认为B公司存在提供虚假材料谋取中标的行为，按照《中华人民共和国招标投标法》的有关规定，确定第二中标候选人A公司为中标供应商。（3）投诉事项（3）和（4）属于报名时的资质问题，由代理机构Y公司负责答复。

代理机构Y公司称：(1)评标过程中，采购人X医院工作人员确实进入评标室。(2)采购人X医院依据招标文件有关评审委员会对投标人综合评价，按照评标得分由高到低排序，提出前三名为中标候选人，将候选人报招标人，由招标人最终确定中标人的规定，确定A公司为中标供应商。(3)A公司投标文件中提交的授权为T公司的转授权，并非制造商针对本项目的唯一授权。(4)B公司提及的A公司曾被处罚的情况并未对外公布，代理机构Y公司在开标时无法获知。

A公司称：(1)其完全响应招标文件关于产品代理商应出具生产厂商针对本项目开具的唯一授权书的要求。(2)其近三年内没有不良记录、违法违规或失信行为。

经查，本项目招标文件投标须知要求，评标具体做法按照《中华人民共和国招标投标法》进行。评审内容及评分标准要求，根据《中华人民共和国招标投标法》结合本工程实际需求特制定本评标方法。商务标得分要求，将所有有效投标报价进行算数平均值计算，以算数平均值作为评标基准价，投标报价等于评标基准价时得满分，有效报价与评标基准价相比，每高出1%扣1分，每低出1%扣0.5分，扣完为止。

处理结果

鉴于本项目尚未签订政府采购合同，根据《中华人民共和国政府采购法》第二条、第三十六条第一款第（二）项、第六十四条第一款、《政府采购供应商投诉处理办法》（财政部令第20号）第十九条第（一）项的规定，决定采购行为违法，责令采购人废标，重新开展采购活动。

根据《中华人民共和国政府采购法》第七十一条和《中华人民共和国政府采购法实施条例》第六十八条第（一）项的规定，责令采购人X医院、代理机构Y公司限期改正，并给予代理机构Y公司警告和罚款的行政处罚。

相关当事人在法定期限内未就处理处罚决定申请行政复议、提起行政诉讼。

处理理由

根据《中华人民共和国政府采购法》第二条的规定，本项目属于货物采购，其采购方式和采购程序均应按照《中华人民共和国政府采购法》及相关法律法规执行。本项目未按上述规定执行，违反了《中华人民共和国政府采购法》第二条和第六十四条第一款的规定。鉴于本项目法律适用错误，财政部不再对投诉事项逐一审查。

其他应注意事项

采购人、采购代理机构不得在法定程序之外采取定标等程序确定中标或成交供应商。

相关依据

《中华人民共和国政府采购法》第二条、第三十六条、第六十四条、第七十一条

第二条 在中华人民共和国境内进行的政府采购适用本法。

本法所称政府采购,是指各级国家机关、事业单位和团体组织,使用财政性资金采购依法制定的集中采购目录以内的或者采购限额标准以上的货物、工程和服务的行为。

政府集中采购目录和采购限额标准依照本法规定的权限制定。

本法所称采购,是指以合同方式有偿取得货物、工程和服务的行为,包括购买、租赁、委托、雇用等。

本法所称货物,是指各种形态和种类的物品,包括原材料、燃料、设备、产品等。

本法所称工程,是指建设工程,包括建筑物和构筑物的新建、改建、扩建、装修、拆除、修缮等。

本法所称服务,是指除货物和工程以外的其他政府采购对象。

第三十六条 在招标采购中,出现下列情形之一的,应予废标:

(一)符合专业条件的供应商或者对招标文件作实质响应的供应商不足三家的;

（二）出现影响采购公正的违法、违规行为的；

（三）投标人的报价均超过了采购预算，采购人不能支付的；

（四）因重大变故，采购任务取消的。

废标后，采购人应当将废标理由通知所有投标人。

第六十四条 采购人必须按照本法规定的采购方式和采购程序进行采购。

任何单位和个人不得违反本法规定，要求采购人或者采购工作人员向其指定的供应商进行采购。

第七十一条 采购人、采购代理机构有下列情形之一的，责令限期改正，给予警告，可以并处罚款，对直接负责的主管人员和其他直接责任人员，由其行政主管部门或者有关机关给予处分，并予通报：

（一）应当采用公开招标方式而擅自采用其他方式采购的；

（二）擅自提高采购标准的；

（三）以不合理的条件对供应商实行差别待遇或者歧视待遇的；

（四）在招标采购过程中与投标人进行协商谈判的；

（五）中标、成交通知书发出后不与中标、成交供应商签订采购合同的；

（六）拒绝有关部门依法实施监督检查的。

《中华人民共和国政府采购法实施条例》第七条、第六十八条

第七条　政府采购工程以及与工程建设有关的货物、服务，采用招标方式采购的，适用《中华人民共和国招标投标法》及其实施条例；采用其他方式采购的，适用政府采购法及本条例。

前款所称工程，是指建设工程，包括建筑物和构筑物的新建、改建、扩建及其相关的装修、拆除、修缮等；所称与工程建设有关的货物，是指构成工程不可分割的组成部分，且为实现工程基本功能所必需的设备、材料等；所称与工程建设有关的服务，是指为完成工程所需的勘察、设计、监理等服务。

政府采购工程以及与工程建设有关的货物、服务，应当执行政府采购政策。

第六十八条　采购人、采购代理机构有下列情形之一的，依照政府采购法第七十一条、第七十八条的规定追究法律责任：

（一）未依照政府采购法和本条例规定的方式实施采购；

（二）未依法在指定的媒体上发布政府采购项目信息；

（三）未按照规定执行政府采购政策；

（四）违反本条例第十五条的规定导致无法组织对供应商履约情况进行验收或者国家财产遭受损失；

（五）未依法从政府采购评审专家库中抽取评审专家；

（六）非法干预采购评审活动；

（七）采用综合评分法时评审标准中的分值设置未与评审因素的量化指标相对应；

（八）对供应商的询问、质疑逾期未作处理；

（九）通过对样品进行检测、对供应商进行考察等方式改变评审结果；

（十）未按照规定组织对供应商履约情况进行验收。

《政府采购供应商投诉处理办法》（财政部令第20号）第十九条

第十九条　财政部门经审查，认定采购文件、采购过程影响或者可能影响中标、成交结果的，或者中标、成交结果的产生过程存在违法行为的，按下列情况分别处理：

（一）政府采购合同尚未签订的，分别根据不同情况决定全部或者部分采购行为违法，责令重新开展采购活动；

（二）政府采购合同已经签订但尚未履行的，决定撤销合同，责令重新开展采购活动；

（三）政府采购合同已经履行的，决定采购活动违法，给采购人、投诉人造成损失的，由相关责任人承担赔偿责任。

案例讲解

（一）采取必要措施保证评审活动依法有序进行

《政府采购货物和服务招标投标管理办法》（财政部令第87号）第四十五条第一款第（五）项规定，在评标期间采取必要的通讯管理措施，保证评标活动不受外界干扰。第六十六条第一款规定，采购人、采购代理机构应当采取必要措施，保证评标在严格保密的情况下进行。除采购人代表、评标现场组织人员外，采购人的其他工作人员以及与评标工作无关的人员不得进入评标现场。《财政部关于进一步规范政府采购评审工作有关问题的通知》（财库〔2012〕69号）规定，除授权代表外，采购人可以委派纪检监察等相关人员进入评审现场，对评审工作实施监督，但不得超过2人。

由于《政府采购货物和服务招标投标管理办法》（财政部令第87号）属于部门规章，且出台时间更晚，《财政部关于进一步规范政府采购评审工作有关问题的通知》（财库〔2012〕69号）属于规范性文件，《政府采购货物和服务招标投标管理办法》（财政部令第87号）的法律效力高于《财政部关于进一步规范政府采购评审工作有关问题的通知》（财库〔2012〕69号），应当以《政府采购货物和服务招标投标管理办法》（财政部令第87号）的规定为准。因此，没有参与评标的采购单位的工作人员不能进入评标室旁观评审过程。采购单位的监督人员和代理机构与本次采购有关的人员可以在监督室内查看监督本单位项目，而其他与本次采购无关的人员在监督室内现场查看监督不符合上述规定。

（二）做好供应商信用信息查询工作

《财政部关于在政府采购活动中查询及使用信用记录有关问题的通知》（财库〔2016〕125号）规定，各级财政部门、采购人、采购代理机构应当通过信用中国网站（www.creditchina.gov.cn）、中国政府采购网（www.ccgp.gov.cn）等渠道查询相关主体信用记录，并采取必要方式做好信用信息查询记录和证据留存，信用信息查询记录及相关证据应当与其他采购文件一并保存；采购人或者采购代理机构应当在采购文件中明确信用信息查询的查询渠道及截止时点、信用信息查询记录和证据留存的具体方式、信用信息的使用规则等内容；采购人或者采购代理机构应当对供应商信用记录进行甄别，对列入失信被执行人、重大税收违法案件当事人名单、政府采购严重违法失信行为记录名单及其他不符合《中华人民共和国政府采购法》第二十二条规定条件的供应商，应当拒绝其参与政府采购活动。实践中，不能简单以供应商存在违法行为为由，限制其参与政府采购活动。

此外，信用中国网站和中国政府采购网并不是唯一的两个查询渠道。如果从其他渠道查询到供应商有被列入失信被执行人、重大税收违法案件当事人名单、政府采购严重违法失信行为记录名单及其他不符合《中华人民共和国政府采购法》第二十二条规定的条件的，可以向财政部门、采购人或代理机构反映。同时，有关部门在政府采购合同签订后对供应商作出的处罚信息，属于政府采购活动结束后产生的信用信息，不应依据事后处罚信息对供应商实施惩戒。

案例 17

A 单位办公楼物业管理服务项目投诉案

关键词

评标委员会组成　　特定金额的合同业绩　　评审因素　　差别歧视待遇

案例要点

评审委员会由采购人代表和评审专家组成，采购人应委派代表参加评审，积极行使权利。因存在可能影响评审公平、公正或其他特殊情形，采购人不委派代表参加评审的，不影响评审活动的正当性和合法性。

合同金额和营业收入直接相关，采购人、采购代理机构不得将特定金额的合同业绩作为评审因素。

案例详情

基本案情

采购人A单位委托代理机构B公司就A单位办公楼物业管理服务项目（以下简称本项目）进行公开招标。2018年3月6日，代理机构B公司发布招标公告，并于3月30日组织开标、评标工作。4月2日，代理机构B公司发布中标公告，C公司为中标供应商。4月3日，供应商D公司提出质疑。4月4日，代理机构B公司答复质疑。

4月25日，D公司向财政部提起投诉，投诉事项为：评标委员会组成缺少采购人代表，不符合《政府采购货物和服务招标投标管理办法》（财政部令第87号）和招标文件的规定。

财政部依法受理本案，并向相关当事人调取证据材料。

采购人A单位和代理机构B公司称：采购人代表参与评标并非强制性要求。根据采购项目的具体情况，评标委员会可以全部由评审专家组成。D公司曾为采购人提供2015~2018年度物业管理服务，且报名时仍在服务期内，属于《中华人民共和国政府采购法实施条例》第九条第一款第（五）项规定的情形。为保证评标活动的公平、公正，在采购人A单位表示回避本项目评标活动后，代理机构B公司抽取评审专家代替采购人代表参与评标。

经查，本项目招标文件第二章投标须知中的投标与评审部分要求，评审小组由采购单位代表和评审专家共5人以上单数组成。本项目评标委员会由5名评审专家组成。

招标文件评分标准中序号2物质装备计划要求，同类型管理业绩：最高得6分。（1）管理同类型项目合同金额100万元以上一个得2分；（2）管理同类型项目合同金额150万元以上一个得3分。

处理结果

根据《政府采购质疑和投诉办法》（财政部令第94号）第二十九条第（二）项的规定，投诉事项缺乏事实依据，驳回投诉。

鉴于本项目采购活动中出现了影响采购公正的违法、违规行为，根据《中华人民共和国政府采购法》第三十六条第一款第（二）项的规定，责令采购人废标。

根据《中华人民共和国政府采购法》第七十一条第（三）项的规定，责令采购人A单位和代理机构B公司限期改正，并给予采购人A单位和代理机构B公司警告的行政处罚。

相关当事人在法定期限内未就处理处罚决定申请行政复议、提起行政诉讼。

处理理由

根据《政府采购货物和服务招标投标管理办法》（财政部令第87号）第四十七条第一款的规定，评标委员会由采购人代表和评审专家组成，采购人应委派代表参加评标，积极行使权利。由于D公司在本项目报名时仍在为采购人A单位提供物业管理服务，采购人A单位不委派代表参加本项目评标，不影响评标活动的正当性和合法性。

此外，本项目招标文件将特定金额的合同业绩作为评审因素，因合同金额和营业收入直接相关，上述情形违反了《中华人民共和国政府采购法》第二十二条第二款、《政府采购货物和服务招标投标管理办法》（财政部令第87号）第十七条和《政府采购促进中小企业发展暂行办法》（财库〔2011〕181号）的规定，属于《中华人民共和国政府采购法实施条例》第二十条第（八）项规定的以其他不合理条件限制或者排斥潜在供应商的情形，构成以不合理的条件对供应商实行差别待遇或者歧视待遇。

相关依据

《中华人民共和国政府采购法》第二十二条、第三十六条、第七十一条

第二十二条 供应商参加政府采购活动应当具备下列条件：

（一）具有独立承担民事责任的能力；

（二）具有良好的商业信誉和健全的财务会计制度；

（三）具有履行合同所必需的设备和专业技术能力；

（四）有依法缴纳税收和社会保障资金的良好记录；

（五）参加政府采购活动前三年内，在经营活动中没有重大违法记录；

（六）法律、行政法规规定的其他条件。

采购人可以根据采购项目的特殊要求，规定供应商的特定条件，但不得以不合理的条件对供应商实行差别待遇或者歧视待遇。

第三十六条 在招标采购中，出现下列情形之一的，应予废标：

（一）符合专业条件的供应商或者对招标文件作实质响应的供应商不足三家的；

（二）出现影响采购公正的违法、违规行为的；

（三）投标人的报价均超过了采购预算，采购人不能支付的；

（四）因重大变故，采购任务取消的。

废标后，采购人应当将废标理由通知所有投标人。

第七十一条 采购人、采购代理机构有下列情形之一的，责令限期改正，给予警告，可以并处罚款，对直接负责的主管人员和其他直接责任人员，由其行政主管部门或者有关机关给予处分，并予通报：

（一）应当采用公开招标方式而擅自采用其他方式采购的；

（二）擅自提高采购标准的；

（三）以不合理的条件对供应商实行差别待遇或者歧视待遇的；

（四）在招标采购过程中与投标人进行协商谈判的；

（五）中标、成交通知书发出后不与中标、成交供应商签订采购合同的；

（六）拒绝有关部门依法实施监督检查的。

《中华人民共和国政府采购法实施条例》第二十条

第二十条　采购人或者采购代理机构有下列情形之一的，属于以不合理的条件对供应商实行差别待遇或者歧视待遇：

（一）就同一采购项目向供应商提供有差别的项目信息；

（二）设定的资格、技术、商务条件与采购项目的具体特点和实际需要不相适应或者与合同履行无关；

（三）采购需求中的技术、服务等要求指向特定供应商、特定产品；

（四）以特定行政区域或者特定行业的业绩、奖项作为加分条件或者中标、成交条件；

（五）对供应商采取不同的资格审查或者评审标准；

（六）限定或者指定特定的专利、商标、品牌或者供应商；

（七）非法限定供应商的所有制形式、组织形式或者所在地；

（八）以其他不合理条件限制或者排斥潜在供应商。

《政府采购货物和服务招标投标管理办法》（财政部令第87号）第十七条、第四十七条

第十七条　采购人、采购代理机构不得将投标人的注册资本、资产总额、营业收入、从业人员、利润、纳税额等规模条件作为资格要求或者评审因素，也不得通过将除进口货物以外的生产厂家授权、承诺、证明、背书等作为资格要求，对投标人实行差别待遇或者歧视待遇。

第四十七条　评标委员会由采购人代表和评审专家组成，成员人数应当为5人以上单数，其中评审专家不得少于成员总数的三分之二。

采购项目符合下列情形之一的，评标委员会成员人数应当为7人以上单数：

（一）采购预算金额在1000万元以上；

（二）技术复杂；

（三）社会影响较大。

评审专家对本单位的采购项目只能作为采购人代表参与评标，本办法第四十八条第二款规定情形除外。采购代理机构工作人员不得参加由本机构代理的政府采购项目的评标。

评标委员会成员名单在评标结果公告前应当保密。

《政府采购质疑和投诉办法》（财政部令第94号）第二十九条

第二十九条　投诉处理过程中，有下列情形之一的，财政部门应当驳回投诉：

（一）受理后发现投诉不符合法定受理条件；

（二）投诉事项缺乏事实依据，投诉事项不成立；

（三）投诉人捏造事实或者提供虚假材料；

（四）投诉人以非法手段取得证明材料。证据来源的合法性存在明显疑问，投诉人无法证明其取得方式合法的，视为以非法手段取得证明材料。

《政府采购评审专家管理办法》（财库〔2016〕198号）第十二条、第十三条、第十六条

第十二条　采购人或者采购代理机构应当从省级以上人民政府财政部门设立的评审专家库中随机抽取评审专家。

评审专家库中相关专家数量不能保证随机抽取需要的，采购人或者采购代理机构可以推荐符合条件的人员，经审核选聘入库后再随机抽取使用。

第十三条　技术复杂、专业性强的采购项目，通过随机方式难以确定合适评审专家的，经主管预算单位同意，采购人可以自行选定相应专业领域的评审专家。

自行选定评审专家的，应当优先选择本单位以外的评审专家。

第十六条　评审专家与参加采购活动的供应商存在下列利害关系之一的，应当回避：

（一）参加采购活动前三年内，与供应商存在劳动关系，或者担任过供应商的董事、监事，或者是供应商的控股股东或实际控制人；

（二）与供应商的法定代表人或者负责人有夫妻、直系血亲、三代以内旁系血亲或者近姻亲关系；

（三）与供应商有其他可能影响政府采购活动公平、公正进行的关系。

评审专家发现本人与参加采购活动的供应商有利害关系的，应当主动提出回避。采购人或者采购代理机构发现评审专家与参加采购活动的供应商有利害关系的，应当要求其回避。

除本办法第十三条规定的情形外，评审专家对本单位的政府采购项目只能作为采购人代表参与评审活动。

各级财政部门政府采购监督管理工作人员，不得作为评审专家参与政府采购项目的评审活动。

《政府采购促进中小企业发展暂行办法》（财库〔2011〕181号）第三条

第三条　任何单位和个人不得阻挠和限制中小企业自由进入本

地区和本行业的政府采购市场,政府采购活动不得以注册资本金、资产总额、营业收入、从业人员、利润、纳税额等供应商的规模条件对中小企业实行差别待遇或者歧视待遇。

案例讲解

采购人委派代表注意事项[①]

一是评审委员会应由采购人代表和有关技术、经济等方面的专家组成,评审专家人数不得少于成员总数的三分之二。评审是一项专业性、技术性很强的工作,且需要独立、公正,不能受外界任何因素的不当影响,因此,评审工作必须依靠具有一定专业知识且身份独立于采购人的专家进行。同时,评审工作的最终目的是为采购人评选出最符合采购需求的供应商,因此,应该给采购人在评审中表达自己意见的机会。但由于在项目前期调研和市场调查中,供应商难免会与采购人有所接触,在评审前采购人已对不同的供应商形成了既定的印象,且供应商也有可能通过不正当手段对采购人施加影响。因此,评审委员会中的采购人代表不应过多,以免影响评审委员会的独立、公正判断。

---

① 参见《案例九:"缺斤少两"的评标专家》,中国政府采购网,2016年11月21日,http://www.ccgp.gov.cn/aljd/201611/t20161121_7606149.htm。

二是采购人代表参与评审工作时，不能以专家身份参与本部门或者本单位采购项目的评审。采购人代表如果以专家身份参与本单位采购项目的评审，虽然在形式上满足专家超过评委总数的三分之二，但可能会造成事实上采购人代表过多，极端情况下甚至可能出现所有专家均来自采购人单位，造成评审委员会成员全部为采购人内部人员的情况，不能保证评审工作的独立和公正。

三是与供应商有利害关系的采购人员、评标委员会成员、谈判小组成员、询价小组成员等必须回避。政府采购应该保证公平、公正，如果采购人员或评审委员会成员等与某一个或某几个供应商之间存在利害关系，就不能保证这些人在采购程序中，尤其在评审中公平、公正地对待所有供应商，不能有效防止评审中出现倾向性或不公正评审的行为，从而会影响政府采购评审的结果，导致政府采购活动不能达到预期的效果。《中华人民共和国政府采购法实施条例》第九条规定，在政府采购活动中，采购人员及相关人员与供应商有下列利害关系之一的，应当回避：（一）参加采购活动前3年内与供应商存在劳动关系；（二）参加采购活动前3年内担任供应商的董事、监事；（三）参加采购活动前3年内是供应商的控股股东或者实际控制人；（四）与供应商的法定代表人或者负责人有夫妻、直系血亲、三代以内旁系血亲或者近姻亲关系；（五）与供应商有其他可能影响政府采购活动公平、公正进行的关系。

四是参加评审是采购人依法享有的一项权利。采购人因故不委派代表参加评审的,不影响评审活动的正当性和合法性。

此外,采购人代表需要取得采购人的书面授权,采购人、代理机构在组织评审工作时应核对采购人代表授权函,且采购人代表不得担任评审委员会组长。

案例 18

D 大学校园网基础设施改造更新工程项目举报案

关键词

经营年限　评审因素　供应商库　资格条件

前置审查　恶意串通　综合评分法

案例要点

采购人可以根据采购项目的特殊要求规定供应商的特定条件,但不得将供应商经营年限作为评审因素。

采购人、采购代理机构应当在资格审查阶段对供应商的资格条件进行审查,不得通过设置供应商库等形式进行前置审查。

除法律法规明确规定的恶意串通情形外,财政部门可以依据合理怀疑进行调查,在仅有孤立的间接证据且不能形成证据链条的情况下,不应认定为恶意串通。

评标委员会各成员的评分具有法律效力，采用综合评分法进行评审的，应当保留各成员的评分，不得采用类似"去掉最高分和最低分"等方法计算得分。

案例详情

基本案情

采购人D大学就D大学校园网基础设施改造更新工程项目（以下简称本项目）进行公开招标。2017年6月30日，采购人D大学发布招标公告，此后组织了开标、评标工作。同日，采购人D大学发布中标公告，B公司为中标供应商。

9月12日，财政部收到采购人D大学的举报材料。采购人D大学反映：（1）招标文件关于交换机生产厂商通过CMMI4级（或以上）国内认证且时间不少于3年的评分设置不合理。（2）个别评审专家涉嫌未按招标文件规定的评审方法和评审标准独立评审，部分评审专家涉嫌泄露评审细节。（3）相关供应商C公司与M公司在采购人D大学供应商库中注册时所留邮箱相同，且M公司投标文件内容简单，投标产品技术参数与其官网技术参数不一致，C公司和M公司涉嫌恶意串通。

财政部依法启动监督检查程序，并向相关当事人调取证据材料。

C公司称：（1）其与M公司无任何业务往来。负责本次投标事宜的员工私自委托第三方完成供应商入库注册，未得到C公司授权。（2）其完全按招标文件要求的格式编制投标文件。

M公司称：其与C公司没有任何业务往来。M公司员工委托熟人办理供应商入库注册，该员工不知道该熟人是否与其他供应商有联系。

经查，本项目招标公告要求潜在供应商须在采购人D大学采购信息网的供应商入口注册，被审核通过后，方可参加本项目；并要求将以下资料扫描件在本项目报名截止前发送至指定邮箱办理入库手续：（1）企业法人营业执照副本；（2）公司法定代表人身份证复印件（加盖供应商公章）；（3）开户许可证；（4）近三个月的纳税证明材料；（5）最近三个月缴纳社会保障金凭证。

本项目招标文件评分标准中制造厂商能力要求，交换机生产厂家在国内具有成熟的软件开发能力，通过CMMI4级（或以上）认证以保障投标产品代码质量与稳定性，要求为国内认证（由国内CMMI认证组织或企业颁发），且获得时间不少于3年，提供证书复印件并加盖厂商投标专用授权章的得100分，无不得分，权重为5%。

经查询采购人D大学供应商库，C公司与M公司注册信息中的电子邮箱相同。

招标文件评分标准中的评分说明要求,若评标委员会组成为7人或7人以上时,去掉1个最高分和1个最低分后的平均分,即为该投标人综合得分。

处理结果

根据《中华人民共和国政府采购法》第二十二条第二款、《中华人民共和国政府采购法实施条例》第二十条第(八)项的规定,本项目存在以不合理的条件对供应商实行差别待遇或者歧视待遇的情形。

采购人D大学反映的其他问题缺乏事实依据。

鉴于本项目采购活动中出现了影响采购公正的违法、违规行为,根据《中华人民共和国政府采购法》第三十六条第一款第(二)项的规定,责令采购人废标。

根据《中华人民共和国政府采购法》第七十一条第(三)项、《政府采购货物和服务招标投标管理办法》(财政部令第18号)第五十二条、《财政部关于加强政府采购货物和服务项目价格评审管理的通知》(财库〔2007〕2号)的规定,责令采购人D大学限期改正。

在行政处罚阶段,财政部向采购人D大学送达行政处罚事项告知书,告知其存在以不合理的条件对供应商实行差别待遇或者歧视待遇的情形。采购人D大学申辩称:其要求供应商在注册入库时提交开户许可证、近三个月纳税证明材料、最近三个月缴纳社会保障金凭证等材料，符合《中华人民共和国政府采购法》第二十二条、《中华人民共和国政府采购法实施条例》第十七条的规定，不存在以不合理的条件对供应商实行差别待遇或者歧视待遇。

关于采购人D大学的申辩理由，财政部认为：采购人可以对供应商进行资格审查，但是应当按照法定条件和程序进行，不应前置到报名阶段。

根据《中华人民共和国政府采购法》第七十一条第（三）项的规定，对采购人D大学作出了警告的行政处罚。

相关当事人在法定期限内未就处理处罚决定申请行政复议、提起行政诉讼。

处理理由

关于采购人D大学反映的问题（1），招标文件要求交换机生产厂商通过CMMI4级（或以上）国内认证且时间不少于3年的评分设置要求过高，与国家扶持中小企业政策不符。

关于采购人D大学反映的问题（2），未发现评审专家打分存在畸高畸低情形，也未发现评审专家存在未按招标文件规定的评审程序、评审方法和评审标准进行独立评审的情形，且现有证据不足以证明评审专家存在泄漏评审细节的情形。

关于采购人D大学反映的问题（3），仅依据C公司、M公司注册邮箱相同及M公司投标文件所列参数与投标产品的官网参数不一致，不能认定存在恶意串通的情形。同时，经查阅C公司与M公司的投标文件，未发现存在恶意串通的情形。

此外，本项目还存在以下两个问题：一是要求潜在供应商须在采购人D大学采购信息网供应商库注册、审核通过后，才能购买招标文件，且要求供应商办理入库注册必须提供社保缴纳证明等材料，属于《中华人民共和国政府采购法实施条例》第二十条第（八）项规定的以其他不合理条件限制或者排斥潜在供应商的情形，构成以不合理的条件对供应商实行差别待遇或者歧视待遇，违反了《中华人民共和国政府采购法》第二十二条第二款的规定。

二是招标文件要求若评标委员会组成为7人或7人以上时，去掉1个最高分和1个最低分后的平均分，即为该投标人综合得分，违反了《政府采购货物和服务招标投标管理办法》（财政部令第18号）第五十二条、《财政部关于加强政府采购货物和服务项目价格评审管理的通知》（财库〔2007〕2号）的规定。

相关依据

《中华人民共和国政府采购法》第二十二条、第三十六条、第七十一条

第二十二条　供应商参加政府采购活动应当具备下列条件：

（一）具有独立承担民事责任的能力；

（二）具有良好的商业信誉和健全的财务会计制度；

（三）具有履行合同所必需的设备和专业技术能力；

（四）有依法缴纳税收和社会保障资金的良好记录；

（五）参加政府采购活动前三年内，在经营活动中没有重大违法记录；

（六）法律、行政法规规定的其他条件。

采购人可以根据采购项目的特殊要求，规定供应商的特定条件，但不得以不合理的条件对供应商实行差别待遇或者歧视待遇。

第三十六条 在招标采购中，出现下列情形之一的，应予废标：

（一）符合专业条件的供应商或者对招标文件作实质响应的供应商不足三家的；

（二）出现影响采购公正的违法、违规行为的；

（三）投标人的报价均超过了采购预算，采购人不能支付的；

（四）因重大变故，采购任务取消的。

废标后，采购人应当将废标理由通知所有投标人。

第七十一条 采购人、采购代理机构有下列情形之一的，责令限期改正，给予警告，可以并处罚款，对直接负责的主管人员和其他直接责任人员，由其行政主管部门或者有关机关给予处分，并予通报：

（一）应当采用公开招标方式而擅自采用其他方式采购的；

（二）擅自提高采购标准的；

（三）以不合理的条件对供应商实行差别待遇或者歧视待遇的；

（四）在招标采购过程中与投标人进行协商谈判的；

（五）中标、成交通知书发出后不与中标、成交供应商签订采购合同的；

（六）拒绝有关部门依法实施监督检查的。

《中华人民共和国政府采购法实施条例》第十七条、第二十条、第七十四条

第十七条　参加政府采购活动的供应商应当具备政府采购法第二十二条第一款规定的条件，提供下列材料：

（一）法人或者其他组织的营业执照等证明文件，自然人的身份证明；

（二）财务状况报告，依法缴纳税收和社会保障资金的相关材料；

（三）具备履行合同所必需的设备和专业技术能力的证明材料；

（四）参加政府采购活动前3年内在经营活动中没有重大违法记录的书面声明；

（五）具备法律、行政法规规定的其他条件的证明材料。

采购项目有特殊要求的，供应商还应当提供其符合特殊要求的

证明材料或者情况说明。

第二十条 采购人或者采购代理机构有下列情形之一的，属于以不合理的条件对供应商实行差别待遇或者歧视待遇：

（一）就同一采购项目向供应商提供有差别的项目信息；

（二）设定的资格、技术、商务条件与采购项目的具体特点和实际需要不相适应或者与合同履行无关；

（三）采购需求中的技术、服务等要求指向特定供应商、特定产品；

（四）以特定行政区域或者特定行业的业绩、奖项作为加分条件或者中标、成交条件；

（五）对供应商采取不同的资格审查或者评审标准；

（六）限定或者指定特定的专利、商标、品牌或者供应商；

（七）非法限定供应商的所有制形式、组织形式或者所在地；

（八）以其他不合理条件限制或者排斥潜在供应商。

第七十四条 有下列情形之一的，属于恶意串通，对供应商依照政府采购法第七十七条第一款的规定追究法律责任，对采购人、采购代理机构及其工作人员依照政府采购法第七十二条的规定追究法律责任：

（一）供应商直接或者间接从采购人或者采购代理机构处获得其他供应商的相关情况并修改其投标文件或者响应文件；

（二）供应商按照采购人或者采购代理机构的授意撤换、修改投标文件或者响应文件；

（三）供应商之间协商报价、技术方案等投标文件或者响应文件的实质性内容；

（四）属于同一集团、协会、商会等组织成员的供应商按照该组织要求协同参加政府采购活动；

（五）供应商之间事先约定由某一特定供应商中标、成交；

（六）供应商之间商定部分供应商放弃参加政府采购活动或者放弃中标、成交；

（七）供应商与采购人或者采购代理机构之间、供应商相互之间，为谋求特定供应商中标、成交或者排斥其他供应商的其他串通行为。

《政府采购货物和服务招标投标管理办法》（财政部令第18号）第五十二条

第五十二条 综合评分法，是指在最大限度地满足招标文件实质性要求前提下，按照招标文件中规定的各项因素进行综合评审后，以评标总得分最高的投标人作为中标候选供应商或者中标供应商的评标方法。

综合评分的主要因素是：价格、技术、财务状况、信誉、业绩、服务、对招标文件的响应程度，以及相应的比重或者权值等。

上述因素应当在招标文件中事先规定。

评标时,评标委员会各成员应当独立对每个有效投标人的标书进行评价、打分,然后汇总每个投标人每项评分因素的得分。

采用综合评分法的,货物项目的价格分值占总分值的比重(即权值)为百分之三十至百分之六十;服务项目的价格分值占总分值的比重(即权值)为百分之十至百分之三十。执行统一价格标准的服务项目,其价格不列为评分因素。有特殊情况需要调整的,应当经同级人民政府财政部门批准。

评标总得分＝$F_1 \times A_1 + F_2 \times A_2 + \cdots\cdots + F_n \times A_n$

F_1、F_2……F_n分别为各项评分因素的汇总得分;

A_1、A_2、……A_n分别为各项评分因素所占的权重($A_1 + A_2 + \cdots\cdots + A_n = 1$)。

《财政部关于加强政府采购货物和服务项目价格评审管理的通知》(财库〔2007〕2号)

政府采购货物和服务项目采用综合评分法的,除执行统一价格标准的服务项目外,采购人或其委托的采购代理机构应当依法合理设置价格分值。货物项目的价格分值占总分值的比重(权重)不得低于30%,不得高于60%;服务项目的价格分值占总分值的比重(权重)不得低于10%,不得高于30%。

综合评分法中的价格分统一采用低价优先法计算,即满足招标文件要求且投标价格最低的投标报价为评标基准价,其价格分为满分。其他投标人的价格分统一按照下列公式计算:

投标报价得分=(评标基准价/投标报价)×价格权值×100

采购人或其委托的采购代理机构对同类采购项目采用综合评分法的,原则上不得改变评审因素和评分标准。

采购人或其委托的采购代理机构在政府采购货物和服务项目评审之前,应当制定评审纪律和评审工作规则,但不得改变采购文件载明的评审方法和评审标准。评审纪律和评审工作规则在评审活动开始前印发各评审人员遵照执行。评审人员应当严格遵守评审纪律和评审工作规则,按照采购文件载明的评审方法、评审标准开展评审活动。

政府采购货物和服务项目评审过程中,不得去掉最低报价。

案例讲解

(一)依法依规适用综合评分法[①]

采购文件是采购过程中最为重要的文件,它是供应商据以准备

---

① 参见《案例十八:"分量不足"的价格分》,中国政府采购网,2017年2月13日,http://www.ccgp.gov.cn/aljd/201702/t20170213_7916067.htm。

响应文件和评审委员会据以评审的依据，因此采购文件的各项规定必须清楚、准确，所设定的相关要求和标准要合理、合法。尤其是评审办法中的相关规定会直接对成交结果造成重大的影响，因此必须科学、严谨。实践中，由于采购人的需求各不相同、代理机构的水平各有差异，采购文件中有关评审办法的规定也良莠不齐，例如评分标准不够具体、各部分分值比重不合理等。为此，财政部为有效提高采购文件中评审方法规定的科学性和合理性，在部门规章、规范性文件中对综合评分法的适用进行了明确规定：

一是价格分应当采用低价优先法计算。《政府采购货物和服务招标投标管理办法》（财政部令第87号）第五十五条第六款规定，价格分应当采用低价优先法计算，即满足招标文件要求且投标价格最低的投标报价为评标基准价，其价格分为满分；其他投标人的价格分统一按照下列公式计算：投标报价得分=（评标基准价／投标报价）×100。《政府采购竞争性磋商采购方式管理暂行办法》（财库〔2014〕214号）第二十四条第四款规定，综合评分法中的价格分统一采用低价优先法计算，即满足磋商文件要求且最后报价最低的供应商的价格为磋商基准价，其价格分为满分；其他供应商的价格分统一按照下列公式计算：磋商报价得分=（磋商基准价／最后磋商报价）×价格权值×100；项目评审过程中，不得去掉最后报价中的最高报价和最低报价。

二是保留评审委员会各成员的评分。《政府采购货物和服务招标投标管理办法》(财政部令第87号)第五十五条第四款规定,评标时,评标委员会各成员应当独立对每个投标人的投标文件进行评价,并汇总每个投标人的得分。《政府采购竞争性磋商采购方式管理暂行办法》(财库〔2014〕214号)第二十四条第二款规定,评审时,磋商小组各成员应当独立对每个有效响应的文件进行评价、打分,然后汇总每个供应商每项评分因素的得分。

(二)供应商库的相关规定

《政府采购货物和服务招标投标管理办法》(财政部令第87号)第十四条第一款规定,采用邀请招标方式的,采购人或者采购代理机构应当通过以下方式产生符合资格条件的供应商名单,并从中随机抽取3家以上供应商向其发出投标邀请书:(一)发布资格预审公告征集;(二)从省级以上人民政府财政部门建立的供应商库中选取;(三)采购人书面推荐。同时,《政府采购非招标采购方式管理办法》(财政部令第74号)第十二条第一款、第二款规定,采购人、采购代理机构应当通过发布公告、从省级以上财政部门建立的供应商库中随机抽取或者采购人和评审专家分别书面推荐的方式邀请不少于3家符合相应资格条件的供应商参与竞争性谈判或者询价采购活动。符合《中华人民共和国政府采购法》第二十二条第一款规定条件的供应商可以在采购活动开始前加入供应商库。财政部门不得对供应商申请入库收取任何费用，不得利用供应商库进行地区和行业封锁。根据上述规定，供应商库应当由省级以上人民政府财政部门建立，同时也要考虑简政放权的改革需要，提高审查的效率，不得额外设置不合理条件。

《关于促进政府采购公平竞争优化营商环境的通知》（财库〔2019〕38号）规定，除小额零星采购适用的协议供货、定点采购以及财政部另有规定的情形外，通过入围方式设置备选库、名录库、资格库作为参与政府采购活动的资格条件，妨碍供应商进入政府采购市场。实践中，对于采购人能否设置供应商库的问题，法律虽然没有明确的禁止性规定。但采购人跟供应商之间是平等的买卖关系，如果采购人自建的供应商库在入库的审查标准、条件及管理等方面有一定的倾向性、主观性，或将应在资格审查阶段或评审阶段的因素前置到采购文件购买阶段，则属于以不合理条件对供应商实行差别待遇或者歧视待遇。

案例 19

A 单位 2017 年度 8.28 万人份 HLA 分型检测服务采购项目投诉案

关键词

综合评分法　平均报价　限制　权利

案例要点

采用综合评分法时,不得采用以平均报价为基础的方式,计算价格分或启动"低价澄清"程序。

案例详情

基本案情

采购人 A 单位委托代理机构 Z 公司就 A 单位 2017 年度 8.28 万人份 HLA 分型检测服务采购项目(以下简称本项目)进行公开招标。

案例19　A单位2017年度8.28万人份HLA分型检测服务采购项目投诉案

2017年12月4日，代理机构Z公司发布招标公告。12月12日，N公司提出质疑。12月13日，代理机构Z公司发布更正公告。12月20日，代理机构Z公司答复质疑。12月25日，代理机构Z公司组织了开标、评标工作。12月26日，代理机构Z公司发布中标公告。

12月22日，N公司向财政部提起投诉，投诉事项为：招标文件规定投标人投标报价低于其他通过符合性审查投标人平均报价的20%的，评标委员会可以要求投标人证明其报价合理性，该规定缺乏法律依据。

财政部依法受理本案，并向相关当事人调取证据材料。

采购人A单位称：本项目招标文件要求投标人报价低于其他通过符合性审查投标人平均报价的20%是对《政府采购货物和服务招标投标管理办法》（财政部令第87号）第六十条中关于"明显低于"的具体范围和幅度的细化，有利于开展评标工作，也是其行使权利的体现。

代理机构Z公司称：本项目招标文件要求投标人报价在低于其他通过符合性审查投标人平均报价的20%时，投标人进行必要的解释和说明，并不是作无效投标处理。如果投标人能证明其报价合理性，仍可以进入详细评标阶段。此外，投诉人N公司的报价并未低于其他通过符合性审查投标人平均报价的20%，为有效投标。

经查，本项目招标文件第八章评标方法和标准中要求，投标人投标报价低于其他通过符合性审查投标人平均报价的20%，有可能影响产品质量或者不能诚信履约的，评标委员会可以要求其在规定的时间内提供书面说明，必要时提交相关证明材料；投标人不能证明其报价合理性的，评标委员会将其作为无效投标处理。

处理结果

根据《政府采购供应商投诉处理办法》（财政部令第20号）第十七条第（三）项的规定，投诉事项成立。

根据《政府采购货物和服务招标投标管理办法》（财政部令第87号）第六十条的规定，责令采购人A单位和代理机构Z公司限期改正。

相关当事人在法定期限内未就处理决定申请行政复议、提起行政诉讼。

处理理由

招标文件将明显低于规定为低于其他通过符合性审查投标人平均报价的20%，未限制投标人的投标权与中标权，也未限制评标委员会认定投标人投标无效的权利。但是，该规定以平均报价为基础进行核算，可能导致投标人串通报价，从而规避《政府采购货物和服务招标投标管理办法》（财政部令第87号）第六十条的规定。因此，投诉事项成立。但从投标情况及评标过程看，该规定未对本项目产生实质性影响，责令采购人A单位和代理机构Z公司限期改正。

其他应注意事项

（1）评标委员对投标人报价的认定无明显不当的，应当予以尊重。

（2）财政部门处理投诉时应当结合项目具体情况决定是否暂停采购活动。

相关依据

《政府采购货物和服务招标投标管理办法》（财政部令第87号）第六十条

第六十条　评标委员会认为投标人的报价明显低于其他通过符合性审查投标人的报价，有可能影响产品质量或者不能诚信履约的，应当要求其在评标现场合理的时间内提供书面说明，必要时提交相关证明材料；投标人不能证明其报价合理性的，评标委员会应当将其作为无效投标处理。

《政府采购供应商投诉处理办法》（财政部令第20号）第十七条

第十七条　财政部门经审查，对投诉事项分别作出下列处理决定：

（一）投诉人撤回投诉的，终止投诉处理；

（二）投诉缺乏事实依据的，驳回投诉；

（三）投诉事项经查证属实的，分别按照本办法有关规定处理。

案例讲解

是否暂停采购活动应进行利益衡量[①]

政府采购活动有多方当事人参与，涉及财政资金使用效益、采购效率等国家利益、公共利益，以及各供应商的利益等。《中华人民共和国政府采购法》第五十七条规定，政府采购监督管理部门在处理投诉事项期间，可以视具体情况书面通知采购人暂停采购活动，但暂停时间最长不得超过三十日。《中华人民共和国政府采购法实施条例》第五十四条规定，询问或者质疑事项可能影响中标、成交结果的，采购人应当暂停签订合同，已经签订合同的，应当中止履行合同。

由上述规定可知，在质疑投诉处理环节，是否需要暂停采购活动应当由采购人或财政部门根据实际情况自由裁量后作出决定。《联合国国际贸易法委员会货物、工程和服务采购示范法立法指南》

---

① 参见王健：《论质疑投诉制度的性质及其对程序的影响》，载于《中国政府采购》2018年第3期。

案例19　A单位2017年度8.28万人份HLA分型检测服务采购项目投诉案

在解释《联合国国际贸易法委员会货物、工程和服务采购示范法》第56条采取了非自动性暂停的方法时指出，第56条就暂停问题采取的方针是求得两方面的平衡，一方面照顾到投诉者谋求审查的权利，另一方面又考虑到采购实体总希望既经济而又有效率地缔结采购合同，不致对采购进程带来过渡的干扰和延误。

因此，是否采取暂停措施主要基于利益衡量。财政部门在处理投诉时，应综合考虑采购需求是否迫切，投诉内容是否存在明显违法情形，且可能对供应商造成不可挽救的损害，以决定是否暂停采购活动。

A检察院机房空调升级改造项目举报案

关键词

强制采购　节能产品政府采购清单　产品型号　一一对应

案例要点

政府强制采购节能产品的，投标产品型号必须与节能产品政府采购清单中产品型号一一对应。

案例详情

基本案情

采购人A检察院委托集中采购机构G采购中心就A检察院机房空调升级改造项目（以下简称本项目）进行公开招标。2017年11月24日，G采购中心发布招标公告，后组织了开标、评标工作。12月

18日，G采购中心发布中标公告，B公司为中标供应商。

2018年1月12日，财政部收到关于本项目的举报材料。举报人反映：本项目采购产品属于政府强制采购节能产品范围，中标供应商B公司投标产品型号不在《节能产品政府采购清单》（第二十二期）中，不满足招标文件关于投标产品型号和节能清单内型号须完全一致的要求。

财政部依法启动监督检查程序，并向相关当事人调取证据材料。

B公司称：其投标产品均在《节能产品政府采购清单》（第二十二期）中，产品型号也均与《节能产品政府采购清单》（第二十二期）中的型号相同。为了更精确地描述产品功能，制造商根据其产品命名规则，增加了基础型号的后缀部分，仅表示一种安装形式，其整机结构、受控部件、产品性能与基础型号完全一致。

G采购中心称：本项目中标产品型号与《节能产品政府采购清单》（第二十二期）中的品牌基础规格相符，因此原评标委员会复核后维持了原评审结果。

经查，本项目招标文件要求，投标产品型号必须与《节能产品政府采购清单》（第二十二期）中产品型号完全一致，否则投标无效。

B公司投标产品型号不在《节能产品政府采购清单》（第二十二期）内。

处理结果

B公司不满足招标文件关于投标产品型号和节能清单内型号须完全一致的要求,中标无效。

相关当事人在法定期限内未就处理决定申请行政复议、提起行政诉讼。

处理理由

根据《财政部 国家发展改革委关于调整公布第二十二期节能产品政府采购清单的通知》(财库〔2017〕129号)的规定,未列入节能清单的产品,不属于政府强制采购、优先采购的节能产品范围。本案中,B公司投标产品型号不在《节能产品政府采购清单》(第二十二期)内,根据招标文件的相关规定,中标无效。

其他应注意事项

除节能产品等要求产品型号必须与政府采购清单中产品型号一一对应的情形外,其他属于明显笔误且不影响正常履约的,应当继续开展采购活动。

相关依据

《财政部 国家发展改革委关于印发〈节能产品政府采购实施意见〉的通知》(财库〔2004〕185号)

《国务院办公厅关于建立政府强制采购节能产品制度的通知》（国办发〔2007〕51号）

《财政部 国家发展改革委关于调整公布第二十二期节能产品政府采购清单的通知》（财库〔2017〕129号）

案例讲解

国家对政府采购节能环保产品实施品目清单管理

财政部、国家发展改革委、生态环境部、市场监管总局发布的《关于调整优化节能产品、环境标志产品政府采购执行机制的通知》（财库〔2019〕9号）自2019年4月1日起执行，明确了对政府采购节能产品、环境标志产品实施品目清单管理，不再发布节能产品政府采购清单和环境标志产品政府采购清单。企业生产的产品获得国家确定的认证机构出具的、处于有效期之内的节能产品、环境标志产品认证证书，即可纳入优先采购或强制采购范围。其中，节能环保认证证书应当是由国家确定的认证机构出具的节能（节水）产品认证标志和中国环境标志，而不能仅依据各类声明函、承诺函证明。

关于环保产品品目清单，财政部和生态环境部印发了《关于印发环境标志产品政府采购品目清单的通知》（财库〔2019〕18号）；

关于节能产品品目清单，财政部和国家发展改革委印发了《关于印发节能产品政府采购品目清单的通知》(财库〔2019〕19号)。其中，节能产品品目清单中以★标注的为政府强制采购产品类别，采购人应当在采购文件中载明产品必须获得国家确定的认证机构出具的证书。优先采购的产品，采购人可以在采购文件中载明对节能产品、环境标志产品的优惠幅度，包括价格扣除、评审因素加分等方法，但不能重复考虑。

此外，对未列入品目清单的产品类别，采购人可以综合考虑节能节水、环保、循环、低碳、再生、有机等因素，参考相关国家标准、行业标准或团体标准，在采购活动中提出相关绿色采购要求。

本案例发生的时间为2017~2018年，则执行国家2004~2017年发布的相关政策规定。

案例 21

J 大学 T 校区车辆识别系统项目投诉案

关键词

采购需求管理　采购人主体责任　采购方式

案例要点

采购人应当按照预算支出标准和保障公共服务职能的原则，根据采购项目需求特点确定适合的采购方式。采购需求难以客观量化、技术规格难以具体明确的采购项目，应当通过竞争性磋商、竞争性谈判等方式采购。

采购人应当在目标性需求基础上形成具体的功能性需求，并进一步细化为技术需求，确保采购需求完整、明确，以便供应商进行响应并报价。

案例详情

基本案情

采购人J大学委托代理机构D公司就J大学T校区车辆识别系统项目（以下简称本项目）进行公开招标。2018年9月4日，代理机构D公司发布招标公告。9月7日，供应商X公司提出质疑。9月18日，代理机构D公司答复质疑，修改招标文件并发布变更公告。10月11日，本项目开标。10月17日，本项目评标。10月18日，代理机构D公司发布中标公告，供应商C公司为中标供应商。

10月15日，供应商X公司向财政部提起投诉。投诉事项为：（1）招标文件缺少验收标准，违反了《政府采购货物和服务招标投标管理办法》（财政部令第87号）第十一条、第二十条的规定。（2）、（3）、（4）招标文件要求与进校证管理平台、T校区北门车牌识别系统和W校园一卡通进行对接，但未公布上述系统的相关信息，供应商无法响应。

财政部依法受理本案，并向相关当事人调取证据材料。

采购人J大学称：供应商X公司曲解招标文件含义，投诉事项缺乏事实依据。本项目尚未签订政府采购合同。

代理机构D公司称：（1）招标文件第四章招标需求、第七章合同格式均对验收标准作出了明确规定。同时，采购设备清单包括设备名称、数量和技术要求。（2）本项目采购的车辆识别系统、限非系统已是市场成熟产品，完成平台对接是本项目基本要求，无需作特别的解释和说明。

经查，招标文件第四章招标需求中项目质量标准与验收要求显示，（1）投标人完成本项目应达到的质量标准应符合国家、地方及相关政府管理部门和行业与本项目有关的各项技术标准、规范要求，并满足采购人实际需求，标准、规范等不一致的，以要求高（严格）的为准；（2）本项目验收将由采购人组织进行或委托第三方进行；（3）本项目连续2次验收未获通过，采购人有权解除合同并按照合同约定的违约条款处理。

招标文件第七章合同格式中的第五条验收（若需要可另附验收协议）显示，验收应包含但不限于以下内容：（1）一次开箱合格率100%，开箱检验时双方皆应派员参加；（2）设备的数量、品牌、型号（规格）、主要技术参数与购销清单一致；（3）设备运行测试的技术性能及功能目标等与采购要求的一致；（4）质量合格证书、保修证书、产品使用说明书等其他应当随箱的技术资料完整。

招标文件附件中项目概述及总体要求的序号1的内容为，J大学现有一套车辆进校证管理平台，对所有进入校区的车辆进行审核登记管理。T校区车牌识别系统安装好以后，进校证平台里面进行了登记的已授权车辆信息能实时同步自动下发到该车辆识别管理收费系统，确保平台登记的授权车辆能自由进出T校区各个校门。此类车辆无需再单独到识别收费系统进行授权。序号2内容为与现有T校区北门车牌识别系统兼容的目标及要求，T校区北门于2017年安装2进2出识别系统，目前收费和运营状态良好。新安装识别系统后，所有正门或者西门出入的临时收费车辆，能经北门通行进行收费。反之，从北门进入校区的临时车辆，亦能从西门或者正门通行并正常收费。确保整个校区的车辆各个大门自由通行及计时计费。序号3内容为与W校园一卡通对接：限非摆闸系统能自动实时从W一卡通平台获取经授权的所有持校园卡的人员的卡片信息，自动同步授权给新安装限非门禁系统，确保持有校园卡人员能刷卡顺利通过摆闸，无需人工进行更新和授权。

处理结果

根据《政府采购质疑和投诉办法》（财政部令第94号）第二十九条第（二）项的规定，投诉事项（1）缺乏事实依据。

根据《政府采购货物和服务招标投标管理办法》（财政部令第87号）第十一条、第二十条，《政府采购质疑和投诉办法》（财政部令第94号）第三十一条第（二）项的规定，投诉事项（2）、（3）、（4）成立，认定中标结果无效，责令重新开展采购活动。

根据《政府采购货物和服务招标投标管理办法》（财政部令第

87号）第七十七条第（一）项的规定，责令采购人J大学就采购需求编制问题限期改正。

相关当事人在法定期限内未就处理决定申请行政复议、提起行政诉讼。

处理理由

关于投诉事项（1），采购人可以结合实际需求设定相关要求。本项目招标文件第四章招标需求及第七章合同格式均对验收标准作出了要求。

关于投诉事项（2）、（3）、（4），本项目采购的车辆识别系统、限非系统需与现有系统对接，供应商需了解现有系统接口的具体要求，并根据接口工作量评估相关费用。本项目招标文件并未明确现有系统接口的具体信息，违反了《政府采购货物和服务招标投标管理办法》（财政部令第87号）第十一条、第二十条的规定。

相关依据

《中华人民共和国政府采购法》第二十二条、第二十六条至第三十二条

第二十二条　供应商参加政府采购活动应当具备下列条件：

（一）具有独立承担民事责任的能力；

（二）具有良好的商业信誉和健全的财务会计制度；

（三）具有履行合同所必需的设备和专业技术能力；

（四）有依法缴纳税收和社会保障资金的良好记录；

（五）参加政府采购活动前三年内，在经营活动中没有重大违法记录；

（六）法律、行政法规规定的其他条件。

采购人可以根据采购项目的特殊要求，规定供应商的特定条件，但不得以不合理的条件对供应商实行差别待遇或者歧视待遇。

第二十六条 政府采购采用以下方式：

（一）公开招标；

（二）邀请招标；

（三）竞争性谈判；

（四）单一来源采购；

（五）询价；

（六）国务院政府采购监督管理部门认定的其他采购方式。

公开招标应作为政府采购的主要采购方式。

第二十七条 采购人采购货物或者服务应当采用公开招标方式的，其具体数额标准，属于中央预算的政府采购项目，由国务院规定；属于地方预算的政府采购项目，由省、自治区、直辖市人民政府规定；因特殊情况需要采用公开招标以外的采购方式的，应当在采购活动开始前获得设区的市、自治州以上人民政府采购监督管理部门的批准。

第二十八条 采购人不得将应当以公开招标方式采购的货物或者服务化整为零或者以其他任何方式规避公开招标采购。

第二十九条 符合下列情形之一的货物或者服务，可以依照本法采用邀请招标方式采购：

（一）具有特殊性，只能从有限范围的供应商处采购的；

（二）采用公开招标方式的费用占政府采购项目总价值的比例过大的。

第三十条 符合下列情形之一的货物或者服务，可以依照本法采用竞争性谈判方式采购：

（一）招标后没有供应商投标或者没有合格标的或者重新招标未能成立的；

（二）技术复杂或者性质特殊，不能确定详细规格或者具体要求的；

（三）采用招标所需时间不能满足用户紧急需要的；

（四）不能事先计算出价格总额的。

第三十一条 符合下列情形之一的货物或者服务，可以依照本法采用单一来源方式采购：

（一）只能从唯一供应商处采购的；

（二）发生了不可预见的紧急情况不能从其他供应商处采购的；

（三）必须保证原有采购项目一致性或者服务配套的要求，需要继续从原供应商处添购，且添购资金总额不超过原合同采购金额百分之十的。

第三十二条　采购的货物规格、标准统一、现货货源充足且价格变化幅度小的政府采购项目，可以依照本法采用询价方式采购。

《中华人民共和国政府采购法实施条例》第十一条、第十三条、第十五条、第二十条

第十一条　采购人在政府采购活动中应当维护国家利益和社会公共利益，公正廉洁，诚实守信，执行政府采购政策，建立政府采购内部管理制度，厉行节约，科学合理确定采购需求。

采购人不得向供应商索要或者接受其给予的赠品、回扣或者与采购无关的其他商品、服务。

第十三条　采购代理机构应当建立完善的政府采购内部监督管理制度，具备开展政府采购业务所需的评审条件和设施。

采购代理机构应当提高确定采购需求，编制招标文件、谈判文件、询价通知书，拟订合同文本和优化采购程序的专业化服务水平，根据采购人委托在规定的时间内及时组织采购人与中标或者成交供应商签订政府采购合同，及时协助采购人对采购项目进行验收。

第十五条　采购人、采购代理机构应当根据政府采购政策、采购预算、采购需求编制采购文件。

采购需求应当符合法律法规以及政府采购政策规定的技术、服务、安全等要求。政府向社会公众提供的公共服务项目，应当就确定采购需求征求社会公众的意见。除因技术复杂或者性质特殊，不能确定详细规格或者具体要求外，采购需求应当完整、明确。必要时，应当就确定采购需求征求相关供应商、专家的意见。

第二十条　采购人或者采购代理机构有下列情形之一的，属于以不合理的条件对供应商实行差别待遇或者歧视待遇：

（一）就同一采购项目向供应商提供有差别的项目信息；

（二）设定的资格、技术、商务条件与采购项目的具体特点和实际需要不相适应或者与合同履行无关；

（三）采购需求中的技术、服务等要求指向特定供应商、特定产品；

（四）以特定行政区域或者特定行业的业绩、奖项作为加分条件或者中标、成交条件；

（五）对供应商采取不同的资格审查或者评审标准；

（六）限定或者指定特定的专利、商标、品牌或者供应商；

（七）非法限定供应商的所有制形式、组织形式或者所在地；

（八）以其他不合理条件限制或者排斥潜在供应商。

《政府采购货物和服务招标投标管理办法》(财政部令第87号)第十一条、第二十条、第五十五条、第七十七条

第十一条　采购需求应当完整、明确,包括以下内容:

(一)采购标的需实现的功能或者目标,以及为落实政府采购政策需满足的要求;

(二)采购标的需执行的国家相关标准、行业标准、地方标准或者其他标准、规范;

(三)采购标的需满足的质量、安全、技术规格、物理特性等要求;

(四)采购标的的数量、采购项目交付或者实施的时间和地点;

(五)采购标的需满足的服务标准、期限、效率等要求;

(六)采购标的的验收标准;

(七)采购标的的其他技术、服务等要求。

第二十条　采购人或者采购代理机构应当根据采购项目的特点和采购需求编制招标文件。招标文件应当包括以下主要内容:

(一)投标邀请;

(二)投标人须知(包括投标文件的密封、签署、盖章要求等);

(三)投标人应当提交的资格、资信证明文件;

(四)为落实政府采购政策,采购标的需满足的要求,以及投

标人须提供的证明材料；

（五）投标文件编制要求、投标报价要求和投标保证金交纳、退还方式以及不予退还投标保证金的情形；

（六）采购项目预算金额，设定最高限价的，还应当公开最高限价；

（七）采购项目的技术规格、数量、服务标准、验收等要求，包括附件、图纸等；

（八）拟签订的合同文本；

（九）货物、服务提供的时间、地点、方式；

（十）采购资金的支付方式、时间、条件；

（十一）评标方法、评标标准和投标无效情形；

（十二）投标有效期；

（十三）投标截止时间、开标时间及地点；

（十四）采购代理机构代理费用的收取标准和方式；

（十五）投标人信用信息查询渠道及截止时点、信用信息查询记录和证据留存的具体方式、信用信息的使用规则等；

（十六）省级以上财政部门规定的其他事项。

对于不允许偏离的实质性要求和条件，采购人或者采购代理机构应当在招标文件中规定，并以醒目的方式标明。

第五十五条　综合评分法，是指投标文件满足招标文件全部实质性要求，且按照评审因素的量化指标评审得分最高的投标人为中标候选人的评标方法。

评审因素的设定应当与投标人所提供货物服务的质量相关，包括投标报价、技术或者服务水平、履约能力、售后服务等。资格条件不得作为评审因素。评审因素应当在招标文件中规定。

评审因素应当细化和量化，且与相应的商务条件和采购需求对应。商务条件和采购需求指标有区间规定的，评审因素应当量化到相应区间，并设置各区间对应的不同分值。

评标时，评标委员会各成员应当独立对每个投标人的投标文件进行评价，并汇总每个投标人的得分。

货物项目的价格分值占总分值的比重不得低于30%；服务项目的价格分值占总分值的比重不得低于10%。执行国家统一定价标准和采用固定价格采购的项目，其价格不列为评审因素。

价格分应当采用低价优先法计算，即满足招标文件要求且投标价格最低的投标报价为评标基准价，其价格分为满分。其他投标人的价格分统一按照下列公式计算：

投标报价得分＝（评标基准价／投标报价）×100

评标总得分＝$F_1 \times A_1 + F_2 \times A_2 + \cdots\cdots + F_n \times A_n$

F_1、F_2……F_n分别为各项评审因素的得分；

A_1、A_2、……A_n 分别为各项评审因素所占的权重（A_1＋

A2＋……＋An＝1）。

评标过程中，不得去掉报价中的最高报价和最低报价。

因落实政府采购政策进行价格调整的，以调整后的价格计算评标基准价和投标报价。

第七十七条　采购人有下列情形之一的，由财政部门责令限期改正；情节严重的，给予警告，对直接负责的主管人员和其他直接责任人员由其行政主管部门或者有关机关依法给予处分，并予以通报；涉嫌犯罪的，移送司法机关处理：

（一）未按照本办法的规定编制采购需求的；

（二）违反本办法第六条第二款规定的；

（三）未在规定时间内确定中标人的；

（四）向中标人提出不合理要求作为签订合同条件的。

《政府采购质疑和投诉办法》（财政部令第94号）第二十九条、第三十一条

第二十九条　投诉处理过程中，有下列情形之一的，财政部门应当驳回投诉：

（一）受理后发现投诉不符合法定受理条件；

（二）投诉事项缺乏事实依据，投诉事项不成立；

（三）投诉人捏造事实或者提供虚假材料；

（四）投诉人以非法手段取得证明材料。证据来源的合法性存在明显疑问，投诉人无法证明其取得方式合法的，视为以非法手段取得证明材料。

第三十一条　投诉人对采购文件提起的投诉事项，财政部门经查证属实的，应当认定投诉事项成立。经认定成立的投诉事项不影响采购结果的，继续开展采购活动；影响或者可能影响采购结果的，财政部门按照下列情况处理：

（一）未确定中标或者成交供应商的，责令重新开展采购活动。

（二）已确定中标或者成交供应商但尚未签订政府采购合同的，认定中标或者成交结果无效，责令重新开展采购活动。

（三）政府采购合同已经签订但尚未履行的，撤销合同，责令重新开展采购活动。

（四）政府采购合同已经履行，给他人造成损失的，相关当事人可依法提起诉讼，由责任人承担赔偿责任。

专家解读[①]

本案例中，招标文件要求供应商提供的车辆识别系统与校区现

[①] 《采购需求有谱，采购结果才能更靠谱》，载于《中国政府采购报》2019年12月24日专家采访。

有的三大系统平台对接，但却没有告知现有系统接口的具体信息，结果导致项目被投诉且废标。对此，专家一致表示，该案例系对采购需求的正面引导，即采购人应提出完整、明确的采购需求，并根据需求特点选择合适的采购方式。另外，财政部门在对此类案件判罚时，可从需求的完整性、确定性方面进行考虑。

（一）核心标准：采购需求应完整、明确

采购需求应完整、明确，这是本案例的核心要点，也是众多专家给出的解读重点。

北京市第一中级人民法院行政庭庭长薛峰表示，"本案例的主旨正是：采购人应当在采购文件中完整、明确地提出采购需求。这样做，一方面便于供应商予以响应，另一方面，也便于评审委员会对供应商是否实质响应作出评价"。

中国政法大学法学院教授成协中说，"在本案例中，正是因为招标文件没有明确现有系统接口的具体信息，即未提出完整、明确、细化的采购需求，才招致投诉。并且，财政部门认同了投诉事项，认定中标结果无效，责令重新开展采购活动"。

从法律层面讲，根据《中华人民共和国政府采购法实施条例》第十五条第二款的规定，采购需求应当符合法律法规以及政府采购政策规定的技术、服务、安全等要求。政府向社会公众提供的公共服务项目，应当就确定采购需求征求社会公众的意见。除因技术复杂或者性质特殊，不能确定详细规格或者具体要求外，采购需求应当完整、明确。必要时，应当就确定采购需求征求相关供应商、专家的意见。

青岛市财政局政府采购监督管理处朱士龙介绍道，从实践层面看，"在实际工作中，采购需求编制应当先以目标性需求为基础，进而形成具体功能需求指标，并将其进一步细化成为技术需求，从而确保采购需求完整、明确，目的是为供应商广泛参与竞争和方便报价提供条件"。

成协中强调，"再深一步想，事实上，明确采购需求也是落实采购人主体责任的一种体现"。中央全面深化改革委员会第五次会议审议通过的《深化政府采购制度改革方案》，将落实采购人主体责任作为重要内容予以明确。采购人落实主体责任的首要内容就是明确采购需求，将那些适宜通过公开招标方式进行采购的项目纳入公开招标的范围。为此，在项目委托前，采购人各单位应当对采购标的的市场技术服务水平、供应、价格等情况进行市场调查，根据调查情况、资产配置标准等科学合理地确定技术需求。只有采购人的目标性需求、功能性需求和技术性需求，能够做到完整、明确、具体、客观，供应商才能有针对性地响应，政府采购活动才能实现公平性、竞争性的目标。

（二）升级标准：对接信息化时代

近年来，网络技术蓬勃发展，信息化平台建设如火如荼。在政府采购项目中，平台建设或者系统升级、改造的项目也很多，这类项目一般要求新系统和原系统对接，以完善或者增加原有平台或者系统的功能，在某些项目中，这样的要求也是非常必要的。新老系统无缝对接，不仅可以提高系统的功能、延长使用寿命、保持系统的一致性和稳定性，还可以有效地节省资金、提高效率。但实际工作中往往会遇到被原软件开发商"绑架"的情形，导致采购人无所适从。

面对信息化时代提出的新课题，采购人和财政部门又该如何应对？

结合本案例，薛峰指出，采购项目与现有系统对接属于采购人的需求，采购人在招标文件中作出此项要求并不构成歧视性或排他性的条款，但是要求采购人在招标文件中对此需求予以具体化，即将现有系统的技术指标和要求在招标文件中加以明确。供应商根据现有系统的技术参数和要求，可以确定投标的技术方案，亦可以根据技术方案的工作量确定相关费用情况。

薛峰还表示，目前，许多财政部门在处理类似案件时，往往简单地认定为对供应商实行差别待遇或者歧视待遇的情形，但就本案例而言，这种情形尚不构成《中华人民共和国政府采购法实施条例》第二十条规定的以不合理的条件对供应商实行差别待遇或者歧视待遇,因为此类信息化项目,大多数供应商都能满足采购需求,采购人应当在采购文件中公开相关数据。专家一致认为,"本案例对各级财政部门处理此类案件方面有很强的指导作用"。

上海市财政局政府采购管理处王周欢指出,"还应该根据不同的项目特点加以区分"。像本案例提及的情况,如果系统接口的指标是标准、统一的,那么就应该在采购文件中提出系统接口信息,从而让政府采购市场的竞争更充分。

实际上,除了本案例中拟采购的新系统需要和现有不同系统对接的情况,现实中还存在系统后续开发或扩容的问题,此时,采购人通常更愿意让原供应商提供服务。王周欢表示,"然而,即便是此种情况,我个人也建议在招标文件中公开原有系统的信息,即明确采购需求,让符合要求的供应商都参与进来。这时,只是存在一个竞争成功概率大小的问题,原服务商拥有更多的'竞选'优势,更有可能'中选',如果不是原服务商'中选',这证明有更好的供应商能够满足采购人的需求,这并不违背采购人的意愿"。

朱士龙也持有相同观点,"是的,此类问题还是要注意加以区分",并认为,平台建设或者系统开发是属于内部开发增强功能,还是属于通过自身的接口,利用或者使用外部其他平台(系统)来增加原有功能,抑或是通过第三方参与共同开发形成平台(系统)

之间优势互补，达到提高效能或者功能的目的，对于不同的情况，采购人应做到心中有数。也就是说，平台（系统）内在逻辑关系与采购人要实现功能统一，这归根到底还是如何确定采购需求的问题。因此，采购需求确定了，问题就迎刃而解了。

（三）拓展标准：选择合适的采购方式

在信息化时代提出的挑战面前，既要在明确需求上下功夫，也要在采购方式选择上准着力。

正如上述专家所说，具体项目具体区分。专家们进一步解释道，若原有系统接口规范统一且数据交换和校验等信息详细明确，除了在采购文件中公开接口信息、明确需求外，一般而言，在符合《政府采购货物和服务招标投标管理办法》（财政部令第87号）第十一条规定的七项内容的情况下，可以采用公开招标方式组织政府采购，以便采购人通过广泛竞争选择更符合需求的系统。

而对于那些接口技术规格难以明确、规范、统一的采购项目，公开招标并不是最好的选择。

薛峰认为，"《中华人民共和国政府采购法实施条例》第十五条规定了一个除外情形，'除因技术复杂或者性质特殊，不能确定详细规格或者具体要求外'，也就是说，这种情形不适用公开招标"。薛峰表示，本案例所涉项目并不存在不能采用公开招标方式的问题。案例要点中提出根据采购项目需求特点确定适合的采购方式，一般是针对采购需求难以明确的情形，据此，采购人应当根据项目的具体情况确定竞争性谈判或者单一来源采购等方式。

成协中认为，"对于信息化类项目，那些大量存在一定的技术壁垒，后续采购内容要严重依赖先前的技术，而且采购人难以通过具体的、客观的技术指标将其采购需求予以明确、量化的采购项目，采购人可以通过竞争性磋商、竞争性谈判、单一来源采购等其他方式来开展采购活动"。

放眼于更多采购项目，成协中进一步指出，举个比较典型的例子，针对某些二期采购项目、后续采购项目、售后服务类采购或者是采购需求指向专利产品的项目，如果采购人很难将需求量化、细化，为确保自身诉求得到更好满足，采购人应当避免通过公开招标的方式进行采购。

"不以需求为参照，平'心'而论定方式"，这样的主观判断也很常见，许多业内人士误以为，公开招标才是最保险、最安全、最"优秀"的采购方式。对此，专家提醒，公开招标是政府采购的主要方式，但绝对不是唯一的方式，也并非最好的方式。采购方式的选择应当根据项目特点和采购需求来确定，采购人应当承担主体责任，强化需求管理，不能为了规避财政风险，而无视采购项目的具体特点，全部通过公开招标的方式进行采购。

C大学游泳馆泳池设备采购项目投诉案

关键词

限定品牌　差别歧视待遇　优化营商环境

案例要点

相关部门、行业对市场主体的信用评价与经营年限、经营规模、经营范围等因素存在直接关联,采购人、代理机构将相关信用记录、信用名单作为政府采购的资格条件或评审因素,与优化营商环境、促进中小企业发展的相关法规不符。

采购人、代理机构可以通过减免投标保证金等方式,为符合条件的守信市场主体提供激励。但除《中华人民共和国政府采购法》第二十二条规定的条件外,采购人、代理机构不得将具有特定等级的信用记录、信用名单作为资格条件或评审因素,影响政府采购的公平竞争。

采购人、代理机构不得通过限定或者指定特定的品牌、专利等方式，对供应商实行差别待遇或者歧视待遇。

案例详情

基本案情

采购人C大学委托代理机构G公司就C大学游泳馆泳池设备采购项目（以下简称本项目）进行公开招标。2019年4月10日，代理机构G公司发布招标公告。4月15日，供应商N公司提出质疑。4月19日，代理机构G公司答复质疑。

5月17日，供应商N公司向财政部提起投诉，投诉事项为：（1）本项目采用综合评分法，价格分采用合理低价法，未采用低价优先法计算，违反了《政府采购货物和服务招标投标管理办法》（财政部令第87号）第五十五条的规定。（2）招标文件要求供应商按照货物采购清单中的品牌等进行报价，指定特定品牌，属于以不合理的条件对供应商实行差别待遇或者歧视待遇的情形。（3）招标文件将投标人具有信用中国守信红名单作为评审因素，属于以不合理的条件对供应商实行差别待遇或者歧视待遇的情形。

财政部依法受理本案，并向相关当事人调取证据材料。

采购人C大学、代理机构G公司称：（1）本项目参照《J省房屋建筑和市政基础设施工程货物招标评标办法（试行）》执行，价格分未采用低价优先法计算。（2）采购人C大学已主动暂停采购活动，同时组织专家论证，拟将招标文件修改为同档次及以上品牌。（3）供应商具有信用中国守信红名单是诚信履约的重要指标，拟降低相应分值。

经查，招标文件第二章招标书中评标办法显示，本项目按照综合评分法评标，评审项目投标报价的评审细则为价格分采用合理低价法，以有效投标文件的评标价算术平均值为A（当有效投标文件≥7家时，去掉最高和最低后进行平均），招标控制价为B，则：评标基准价 = $A \times K1 \times Q1 + B \times K2 \times Q2$，$Q2 = 1 - Q1$，Q1取值范围为65%~85%，K1的取值范围为95%~98%，Q1、K1值在开标时由招标人随机抽取确定，K2的取值范围为：95%。投标价等于评标基准价的得满分，每高于基准价1%扣0.9分，每低于基准价1%扣0.6分。偏离不足1%的，按照插入法计算得分。评审项目企业综合能力的评审细则为投标人具有信用中国守信红名单，有一个得2分，最多得4分（提供网站彩色截图）。

招标文件第四章招标技术规格及要求中注释显示，投标人须按附件中招标货物清单的技术要求、数量及品牌进行报价。

招标文件第五章货物采购清单中关于各具体设备的品牌栏均列明三种不同品牌，如德高、雷帝、汉高、爱克、喜活、美人鱼等。

国家公共信用信息中心回函表示,信用中国网站公示的是有关部门认定的守信联合激励对象名单,简称红名单。相关信息包括海关高级认证企业名单、纳税信用A级纳税人名单、2018年公路水运工程建设领域守信典型企业名单,分别由海关总署、税务总局、交通运输部提供。

处理结果

根据《政府采购质疑和投诉办法》(财政部令第94号)第三十一条第(一)项的规定,投诉事项(1)、(2)、(3)成立,责令重新开展采购活动。

相关当事人在法定期限内未就处理决定申请行政复议、提起行政诉讼。

处理理由

关于投诉事项(1),本项目采购游泳馆泳池设备及相关服务,应按照《中华人民共和国政府采购法》及《政府采购货物和服务招标投标管理办法》(财政部令第87号)等相关规定执行。招标文件评审细则中价格分未采用低价优先法计算,违反了《政府采购货物和服务招标投标管理办法》(财政部令第87号)第五十五条第六款的规定。

关于投诉事项(2),本项目招标文件货物采购清单中列明了75种设备,每种设备均指定三种品牌,并要求投标人按照所列品牌进行报价。上述行为属于《中华人民共和国政府采购法实施条例》第二十条第（六）项规定的限定或指定特定的专利、商标、品牌或者供应商的情形，违反了《中华人民共和国政府采购法》第二十二条第二款的规定。

关于投诉事项（3），将信用中国守信红名单作为评审因素没有相关法律法规依据，且名单中包含纳税信用A级纳税人等相关信息，与供应商经营年限及经营范围等挂钩，与《中华人民共和国中小企业促进法》第四十条第三款、《中华人民共和国政府采购法》第二十二条第二款的规定不符。

其他应注意事项

采购文件应避免对同一因素重复打分。

相关依据

《中华人民共和国政府采购法》第二十二条、第七十一条

第二十二条　供应商参加政府采购活动应当具备下列条件：

（一）具有独立承担民事责任的能力；

（二）具有良好的商业信誉和健全的财务会计制度；

（三）具有履行合同所必需的设备和专业技术能力；

（四）有依法缴纳税收和社会保障资金的良好记录；

（五）参加政府采购活动前三年内，在经营活动中没有重大违法记录；

（六）法律、行政法规规定的其他条件。

采购人可以根据采购项目的特殊要求，规定供应商的特定条件，但不得以不合理的条件对供应商实行差别待遇或者歧视待遇。

第七十一条　采购人、采购代理机构有下列情形之一的，责令限期改正，给予警告，可以并处罚款，对直接负责的主管人员和其他直接责任人员，由其行政主管部门或者有关机关给予处分，并予通报：

（一）应当采用公开招标方式而擅自采用其他方式采购的；

（二）擅自提高采购标准的；

（三）以不合理的条件对供应商实行差别待遇或者歧视待遇的；

（四）在招标采购过程中与投标人进行协商谈判的；

（五）中标、成交通知书发出后不与中标、成交供应商签订采购合同的；

（六）拒绝有关部门依法实施监督检查的。

《中华人民共和国中小企业促进法》第四十条

第四十条　国务院有关部门应当制定中小企业政府采购的相关优惠政策，通过制定采购需求标准、预留采购份额、价格评审优惠、优先采购等措施，提高中小企业在政府采购中的份额。

向中小企业预留的采购份额应当占本部门年度政府采购项目预算总额的百分之三十以上；其中，预留给小型微型企业的比例不低于百分之六十。中小企业无法提供的商品和服务除外。

政府采购不得在企业股权结构、经营年限、经营规模和财务指标等方面对中小企业实行差别待遇或者歧视待遇。

政府采购部门应当在政府采购监督管理部门指定的媒体上及时向社会公开发布采购信息，为中小企业获得政府采购合同提供指导和服务。

《中华人民共和国政府采购法实施条例》第二十条

第二十条 采购人或者采购代理机构有下列情形之一的，属于以不合理的条件对供应商实行差别待遇或者歧视待遇：

（一）就同一采购项目向供应商提供有差别的项目信息；

（二）设定的资格、技术、商务条件与采购项目的具体特点和实际需要不相适应或者与合同履行无关；

（三）采购需求中的技术、服务等要求指向特定供应商、特定产品；

（四）以特定行政区域或者特定行业的业绩、奖项作为加分条件或者中标、成交条件；

（五）对供应商采取不同的资格审查或者评审标准；

（六）限定或者指定特定的专利、商标、品牌或者供应商；

（七）非法限定供应商的所有制形式、组织形式或者所在地；

（八）以其他不合理条件限制或者排斥潜在供应商。

《政府采购货物和服务招标投标管理办法》（财政部令第87号）第五十五条

第五十五条　综合评分法，是指投标文件满足招标文件全部实质性要求，且按照评审因素的量化指标评审得分最高的投标人为中标候选人的评标方法。

评审因素的设定应当与投标人所提供货物服务的质量相关，包括投标报价、技术或者服务水平、履约能力、售后服务等。资格条件不得作为评审因素。评审因素应当在招标文件中规定。

评审因素应当细化和量化，且与相应的商务条件和采购需求对应。商务条件和采购需求指标有区间规定的，评审因素应当量化到相应区间，并设置各区间对应的不同分值。

评标时，评标委员会各成员应当独立对每个投标人的投标文件进行评价，并汇总每个投标人的得分。

货物项目的价格分值占总分值的比重不得低于30%；服务项目的价格分值占总分值的比重不得低于10%。执行国家统一定价标准和采用固定价格采购的项目，其价格不列为评审因素。

价格分应当采用低价优先法计算，即满足招标文件要求且投标价格最低的投标报价为评标基准价，其价格分为满分。其他投标人的价格分统一按照下列公式计算：

投标报价得分＝（评标基准价／投标报价）×100

评标总得分＝$F_1 \times A_1 + F_2 \times A_2 + \cdots\cdots + F_n \times A_n$

F_1、F_2……F_n 分别为各项评审因素的得分；

A_1、A_2、……A_n 分别为各项评审因素所占的权重（$A_1 + A_2 + \cdots\cdots + A_n = 1$）。

评标过程中，不得去掉报价中的最高报价和最低报价。

因落实政府采购政策进行价格调整的，以调整后的价格计算评标基准价和投标报价。

《政府采购质疑和投诉办法》（财政部令第94号）第三十一条

第三十一条 投诉人对采购文件提起的投诉事项，财政部门经查证属实的，应当认定投诉事项成立。经认定成立的投诉事项不影响采购结果的，继续开展采购活动；影响或者可能影响采购结果的，财政部门按照下列情况处理：

（一）未确定中标或者成交供应商的，责令重新开展采购活动。

（二）已确定中标或者成交供应商但尚未签订政府采购合同的，

认定中标或者成交结果无效，责令重新开展采购活动。

（三）政府采购合同已经签订但尚未履行的，撤销合同，责令重新开展采购活动。

（四）政府采购合同已经履行，给他人造成损失的，相关当事人可依法提起诉讼，由责任人承担赔偿责任。

《政府采购促进中小企业发展暂行办法》（财库〔2011〕181号）第三条

第三条　任何单位和个人不得阻挠和限制中小企业自由进入本地区和本行业的政府采购市场，政府采购活动不得以注册资本金、资产总额、营业收入、从业人员、利润、纳税额等供应商的规模条件对中小企业实行差别待遇或者歧视待遇。

专家解读[①]

将与企业经营年限及范围等挂钩的守信红名单作为评审因素，要求供应商按照货物采购清单中的指定品牌进行报价，对某一评审因素重复打分……这些明显对供应商实行了差别待遇或者歧视待

[①] 《去除限制供应商参与政采竞争的"花式门槛"》，载于《中国政府采购报》2020年1月3日专家采访。

遇。实践中，类似操作在采购文件中变相设置排他性条款的做法也常常出现在从业者的视野中。

对此，专家一致表示，在当前优化营商环境、促进中小企业发展的大背景下，采购人或代理机构不得以任何花式条款附于采购需求之上，从而对供应商实行差别待遇、歧视待遇。如项目有特殊需求，采购人可以根据项目特点规定供应商的特定条件，但不得以不合理的条件影响供应商参与公平竞争。财政部门在遇到类似案件时，也要学会"见招拆招"，拨云见日，去除门槛，助力政府采购在阳光下运行。

（一）拒绝"信用式"歧视

以信为本，建立诚信社会。诚实守信本是每一个自然人、法人应具备的基本素质，然而，一些"变了味儿"的信用条件却在政府采购项目中被作为了评审因素。

北京市第一中级人民法院行政庭庭长薛峰表示，"在本案例中，双方争论的焦点在于采购文件能否将红名单作为评审因素。相关部门、行业对于市场主体的评价主要是想回答一个问题，即市场主体是否守信？其评价基础是相关市场主体的信用情况。采购文件将此种守信评价作为评审因素，实际上使供应商因守信处于优势地位，与政府采购公平、公正的要求不符"。

中国政法大学法学院教授成协中认为，"目前，有关部门在考察企业是否满足守信激励要求时，主要会根据相关企业的经营规模、经营年限、经营范围等情况进行综合判断。那些经营规模小、年限短、经营范围不典型的企业，很难被纳入这种信用红名单的范围"。他进一步解释道，显然，守信红名单是与企业的经营规模、经营年限、经营范围相挂钩的，如果将这样的信用名单作为资格条件或评审因素，则与政府采购优化营商环境、促进中小企业发展的相关政策相违背，在实践中应当避免。

将守信红名单列为评审因素，不仅在道理上说不通，在法律上也无据可依。青岛市财政局政府采购监督管理处朱士龙表示，《中华人民共和国中小企业促进法》第四十条第三款规定，政府采购不得在企业股权结构、经营年限、经营规模和财务指标等方面对中小企业实行差别待遇或者歧视待遇。同时，刚刚正式施行的《优化营商环境条例》第十三条规定，招标投标和政府采购应当公开透明、公平公正，依法平等对待各类所有制和不同地区的市场主体，不得以不合理条件或者产品产地来源等进行限制或者排斥。朱士龙表示，"因此，相关部门、行业对市场主体行为的评价与市场主体的股权结构、经营年限、经营范围、经营规模、财务指标、获得奖励、考核等非主要因素关联，将其作为评审因素，将构成对中小企业实行差别待遇或者歧视待遇"。

此外，除了守信红名单，"市面"上还存在着五花八门的信用评价、信用记录。例如，通过设置考核等相关指标形成的市场主体负面清单；与经营规模、财务指标挂钩的"星级"供应商名单；税务信用管理，建立税务信用积分制度，纳税信用好、税务信用积分高的纳税人可以享受更多便利化服务；交通运输行业从业企业信用信息共享平台，形成黑名单、红名单；人力资源和社会保障部的信用评价体系，对个人进行评分，按照分值的高低，确定在人力资源和社会保障相关领域的信用程度，包括就业情况、缴纳社会保险的情况等，可以作为创业担保贷款发放、个人信用卡申领等参考；部分省份设立环境保护信用评价指标体系，包括污染排放情况、投诉情况、被处罚情况等。

面对各种信用评价体系，有从业者提问，是不是所有的信用评价都不能作为政府采购评审因素？针对这一问题，专家们给出了一分为二的回答，"答案是否定的，还要具体情况具体分析"。

薛峰指出，一方面，并不是所有的信用评价都和企业经营规模、范围等有关，有些信用指标不构成对供应商的歧视性待遇。

另一方面，上海市财政局政府采购管理处王周欢认为，信用是社会经济发展的必然产物，是现代经济社会运行中必不可少的一环，也是保护社会经济秩序的重要前提。加强诚信体系或者信用建设，对促进诚实信用、公平竞争参与政府采购活动具有十分重要的作用。

成协中进一步指出,并不是说在政府采购中完全不能对信用良好的供应商提供优待和便利。采购人、代理机构可以通过减免投标保证金等方式,为符合条件的守信市场主体提供激励,但不得在资格条件已经对供应商的信用情况作出限定的情况下,通过提高信用等级来限制供应商的公平竞争权。

(二)严禁指定特定品牌

生活中,当我们很难决定"今天中午吃什么"时,我们时常会到"大众点评"上去寻求推荐。无独有偶,政府采购中,采购人在提不出精准的采购需求时,就想在采购文件中列出几个参考品牌。

针对指定参考品牌这一现实问题,本案例给出了明晰的回答:采购文件不能限定或者指定品牌。

福建省财政厅政府采购监督管理办公室李青提出,《中华人民共和国政府采购法实施条例》第二十条对此有明确规定,采购人或者采购代理机构有下列情形之一的,属于以不合理的条件对供应商实行差别待遇或者歧视待遇……(六)限定或者指定特定的专利、商标、品牌或者供应商。

但令人不解的是,在法律法规明令禁止指定特定品牌这一做法的情况下,为什么还是有许多采购人或代理机构无视法律法规的存在?

事出有因。据了解,此前相关部门出台的文件提出,如果产品的技术参数等无法在招标文件中明确、详细表述，可以列出若干参考品牌。但随着实践的演变，现实中出现了两种情况：一种情况是，在某些特殊项目中，采购人确实无法精准描述自己所需产品的规格等要求，需要在采购文件中列明参考品牌，从而告知供应商提供相应的产品；另一种情况是，目前大多数采购人故意为之，直接在采购文件中"圈定"自己想要的产品，带有明显的倾向性，对其他品牌供应商形成了歧视待遇。

朱士龙强调，"所以，最根本还是要从采购需求抓起"。

李青表示，"在本案例中，招标文件规定，投标人须按附件中招标货物清单的技术要求、数量及品牌进行报价。其第五章货物采购清单中关于各具体设备的品牌栏均列明三种不同品牌。实际上，负责该项目的代理机构完全没有必要这样做，只要让供应商在投标报价时注明品牌即可，再根据市场调研情况，对不同品牌的价格有一个把握"。

（三）制止重复打分行为

将守信红名单作为评审因素，有一个得2分，最多得4分；业绩越多得分越多，样品越多得分越高；在资格条件中已经设定"不能有重大违法记录"，但却继续将这一要求列为评审因素……采购文件对同一因素重复打分的现象在实际工作中普遍存在。

成协中表示对同一因素重复打分的做法背离了政府采购法的初

心,违反了政府采购公平竞争的原则。以信用评价为例,《中华人民共和国政府采购法》第二十二条规定的资格条件实际上已经包含了对投标供应商的信用评价。如果允许采购人在采购文件中设定额外的信用要求,会构成对供应商的重复评分。

重复性评分也违反了《中华人民共和国政府采购法实施条例》规定的评审因素应当量化的内容。成协中指出,《中华人民共和国政府采购法实施条例》第三十四条规定,采用综合评分法的,评审标准中的分值设置应当与评审因素的量化指标相对应;《政府采购货物和服务招标投标管理办法》(财政部令第87号)第五十五条也进一步明确,评审因素应当细化和量化,且与相应的商务条件和采购需求对应。据此,采购人和代理机构不能在评审标准中,对某一评审因素设定两项或两项以上的分值。

此外,相关法律专家还强调,政府采购是私人参与公共服务提供的一个重要方式,是公民依法享有的一项法定权利。此种权利的限制,必须有法定的根据。为确保此种权利的实现,只要满足法定的条件,任何个人和组织都可以参加政府采购活动。如此一来,采购人和代理机构才能在一个充分竞争的环境中选择到物有所值的产品和服务。

案例 23

K 单位 X 光机采购项目投诉案

关键词

采购需求管理　检测报告　检测时间　差别歧视待遇

案例要点

采购文件设定的资格、技术、商务条件应与采购项目的具体特点和实际需要相适应。将与实际采购需求没有直接关联的其他相关标准作为资格条件或评审因素的，构成以不合理的条件对供应商实行差别待遇或者歧视待遇。

采购人可以综合专业要求、管理要求、政策要求等因素，对采购项目合理分包。

采购人可以根据项目需求，在采购文件中要求供应商提供相应的检测报告，但应给予供应商准备检测报告的必要时间。未给供应商进行检测和提供检测报告预留必要时间的，构成以不合理的条件对供应商实行差别待遇或者歧视待遇。

案例详情

基本案情

采购人K单位自行就K单位X光机采购项目(以下简称本项目)进行公开招标。2018年10月18日,K单位发布招标公告。10月26日,供应商G公司提出质疑。11月2日,K单位答复质疑。11月8日,因本项目投标供应商不足3家,K单位发布废标公告。

11月23日,供应商G公司向财政部提起投诉,投诉事项为:(1)招标文件将具备民用航空安全检查设备使用许可设置为▲条款,不满足扣4分,属于以不合理的条件对供应商实行差别待遇或者歧视待遇的情形。(2)招标文件要求带★和▲条款需提供CMA或CNAS认证的第三方检测机构出具的检测报告,但部分★和▲条款技术指标并非国标检测项,只有个别制造商对此作了专项检测,且国内大多数制造商准备上述检测报告时间不足,属于以不合理的条件对供应商实行差别待遇或者歧视待遇的情形。

财政部依法受理本案,并向相关当事人调取证据材料。

K单位称:(1)在当前没有相关行业标准的情况下,为保证采购到优良设备,以及保障设备使用人员的安全,所以借鉴了要求较高的民航标准,招标文件将民用航空安全检查设备使用许可作为一项重要指标属于项目的特殊需求,且未作为资格条件。(2)检测机构可以根据供应商要求进行检测,没有统一规定。为保证中标产品质量,招标文件对关键指标、重要指标提出统一检测要求并作为评标委员会评判依据,符合正常采购需求。同时,此前类似项目已在招标文件中作了与本项目相同的要求,从此前项目发布招标文件至本项目开标,中间有70多天,供应商有足够时间进行检测。因此,不存在差别歧视待遇。

经查,招标文件第二部分投标人须知显示,★投标人须出具由国家指定或第三方公认的检测机构对本次投标货物的检测报告(检测报告中的货物类型须和投标货物类型一致)。

招标文件第四部分项目需求书中的重要提示显示,带★条款为必须满足条款,否则作为无效投标处理;带▲条款为重要条款,不满足将影响评分。带★条款和带▲条款需提供CMA或CNAS认证的第三方检测机构对本次投标货物的检测报告。为方便被检物品的取放,需加配2个无动力不锈钢辊道传送装置。其中,两种规格的X光机(1500mm×1800mm、1000mm×1000mm)的技术需求中均要求具备民用航空安全检查设备使用许可,并设置为▲条款。招标文件的配备方案显示,安装地点包括A公路口岸货检大厅、B口岸码头群进出口查验场地、C新机场航站区等。

招标文件第五部分评分标准显示,评审因素投标货物对招标文件第四部分技术要求的响应程度的评分标准为不满足▲项的，每项扣4分。

处理结果

根据《政府采购质疑和投诉办法》（财政部令第94号）第三十一条第（一）项的规定，投诉事项（1）、（2）成立，责令重新开展采购活动。

鉴于本项目已经废标，责令K单位就以不合理的条件对供应商实行差别待遇或者歧视待遇的问题限期改正。

相关当事人在法定期限内未就处理决定申请行政复议、提起行政诉讼。

处理理由

关于投诉事项（1），本项目采购的X光机用于对货物进行安全检查，部分用于机场，部分用于港口、公路口岸等。根据《民用航空安全检查规则》（交通运输部令2016年第76号）第二十一条的规定，用于民航安检工作的民航安检设备应当取得民用航空安全检查设备使用许可。若非应用于民用机场，将民用航空安全检查设备使用许可设置为技术条件进行评审，属于《中华人民共和国政府采购法实施条例》第二十条第（二）项规定的设定的资格、技术、商务条件与采购项目的具体特点和实际需要不相适应或者与合同履行无关的情形，违反了《中华人民共和国政府采购法》第二十二条第二款的规定。

关于投诉事项（2），本项目招标文件第四部分项目需求书中所列部分★条款和▲条款技术指标并非国标检测项，招标文件将上述指标对应的检测报告作为实质性条款，且自发布招标公告至开标仅有20天时间，未给予供应商准备检测报告的必要时间，属于《中华人民共和国政府采购法实施条例》第二十条第（八）项规定的以其他不合理条件限制或者排斥潜在供应商的情形，违反了《中华人民共和国政府采购法》第二十二条第二款的规定。

相关依据

《中华人民共和国政府采购法》第二十二条

第二十二条　供应商参加政府采购活动应当具备下列条件：

（一）具有独立承担民事责任的能力；

（二）具有良好的商业信誉和健全的财务会计制度；

（三）具有履行合同所必需的设备和专业技术能力；

（四）有依法缴纳税收和社会保障资金的良好记录；

（五）参加政府采购活动前三年内，在经营活动中没有重大违法记录；

（六）法律、行政法规规定的其他条件。

采购人可以根据采购项目的特殊要求，规定供应商的特定条件，但不得以不合理的条件对供应商实行差别待遇或者歧视待遇。

《中华人民共和国民用航空法》第六十五条

第六十五条　民用机场应当按照国务院民用航空主管部门的规定，采取措施，保证机场内人员和财产的安全。

《中华人民共和国政府采购法实施条例》第二十条

第二十条　采购人或者采购代理机构有下列情形之一的，属于以不合理的条件对供应商实行差别待遇或者歧视待遇：

（一）就同一采购项目向供应商提供有差别的项目信息；

（二）设定的资格、技术、商务条件与采购项目的具体特点和实际需要不相适应或者与合同履行无关；

（三）采购需求中的技术、服务等要求指向特定供应商、特定产品；

（四）以特定行政区域或者特定行业的业绩、奖项作为加分条件或者中标、成交条件；

（五）对供应商采取不同的资格审查或者评审标准；

（六）限定或者指定特定的专利、商标、品牌或者供应商；

（七）非法限定供应商的所有制形式、组织形式或者所在地；

（八）以其他不合理条件限制或者排斥潜在供应商。

《政府采购质疑和投诉办法》（财政部令第94号）第三十一条

第三十一条　投诉人对采购文件提起的投诉事项，财政部门经查证属实的，应当认定投诉事项成立。经认定成立的投诉事项不影响采购结果的，继续开展采购活动；影响或者可能影响采购结果的，财政部门按照下列情况处理：

（一）未确定中标或者成交供应商的，责令重新开展采购活动。

（二）已确定中标或者成交供应商但尚未签订政府采购合同的，认定中标或者成交结果无效，责令重新开展采购活动。

（三）政府采购合同已经签订但尚未履行的，撤销合同，责令重新开展采购活动。

（四）政府采购合同已经履行，给他人造成损失的，相关当事人可依法提起诉讼，由责任人承担赔偿责任。

《民用航空安全检查规则》（交通运输部令2016年第76号）第二十一条

第二十一条　民航安检设备实行使用许可制度。用于民航安检工作的民航安检设备应当取得"民用航空安全检查设备使用许可证书"并在"民用航空安全检查设备使用许可证书"规定的范围内使用。

专家解读[①]

提高标准,严格要求,这本来是值得肯定的行为,但在本案例中却弄巧成拙。项目采购的X光机,一部分用于机场,另一部分用于港口、公路口岸等。如果X光机用于民用机场,则应当依法取得民用航空安全检查设备使用许可,显然,本案例中的X光机并不是专门用于民用机场,但采购需求却将该许可列为▲条款,对供应商形成了歧视或差别待遇。

对此,中国政法大学比较法学研究院政府采购法研究中心主任谢立斌教授表示,采购人、采购代理机构在采购文件中不能将与实际采购需求没有直接关联的其他相关标准作为资格条件或评审因素,以免对供应商构成不公平待遇。

专家给出了一致的答案,"采购需求不仅要完整、明确,更要提得精准。既不能'降标',更不能无故'拔高',要和项目特点相适应,不偏不倚,恰如其分"。

---

① 《采购需求不能刻意"拔高"》,载于《中国政府采购报》2020年1月7日专家采访。

（一）标准要提得科学恰当

实践中，采购需求经常涉及国家标准或者行业标准。《政府采购货物和服务招标投标管理办法》（财政部令第87号）第十一条第（二）项明确规定，采购需求应当包括，采购标的需执行的国家相关标准、行业标准、地方标准或者其他标准、规范。

在本案例的编审会议中，北京市第一中级人民法院行政庭庭长薛峰就提到，国家标准、行业标准有明确的概念，应加以明确。

广西财政厅政府采购监督管理处处长黄钢平介绍道，国家标准是指对全国经济技术发展有重大意义，需要在全国范围内统一技术要求所制定的标准。国家标准在全国范围内适用，其他各级标准不得与之相抵触，国家标准是四级标准体系中的主体。行业标准是指对没有国家标准而又需要在全国某个行业范围内统一技术要求所制定的标准。行业标准是对国家标准的补充，是专业性、技术性较强的标准。行业标准的制定不得与国家标准抵触，国家标准公布实施后，相应的行业标准即行废止。比如采购电梯，就要遵循国家标准——《电梯技术条件》。

北京市财政局政府采购管理处谢垚说，无论是国家标准，还是行业标准，其都属于对采购标的提出的强制性法定要求，这类型需求要坚持两个原则，即合法性原则与必要性原则。这也是本案例的重点。

谢垚进一步指出，所谓合法性原则，指的是这种强制性法定要求必须要有上位法依据。即有法律法规明确规定，相关采购标的必须经过强制性的、不可或缺的技术或者安全审查，未经审查或者未通过审查，均存在重大隐患，不得进行市场交易。本案中，用于民航安检的X光机应当依法取得民用航空安全检查设备使用许可，但其他用途的X光机没有必须取得使用许可的强制性规定，招标文件混同了这两种场景，在合法性方面产生了问题。所谓必要性原则，指的是这种法定要求与采购标的、采购项目密切相关，没有相关性的法定要求不能作为采购需求。同样是这个案例，对于用于港口、公路口岸的X光机来说，交通运输部《民用航空安全检查规则》没有相关性，不能作为设定采购需求的依据。

（二）时间要给得充裕合理

在本案例中，招标文件第四部分项目需求书中所列部分★条款和▲条款技术指标并非国标检测项，招标文件将上述指标对应的检测报告作为实质性条款，且自发布招标公告至开标仅有20天时间，财政部门认为，未给予供应商准备检测报告的必要时间，属于《中华人民共和国政府采购法实施条例》第二十条第（八）项规定的以其他不合理条件限制或者排斥潜在供应商的情形，违反了《中华人民共和国政府采购法》第二十二条第二款的规定。

对此，业界仍有存疑：20天的时间不够，那多少天才充足？

谢垚表示，这是一个合理性探讨，而非一个合法性问题。对于检测报告准备多长时间才合适的问题，采购人要提前做好调研工作。对于本案例，20天的等标期用来做标书可能都比较紧张，如果再加上准备检测报告的工作，时间是否充裕，会产生一定的争议。时间合理充裕，才能为供应商提供参与政府采购的便利条件，有利于优化营商环境。

此外，谢立斌还提出，像特种设备的生产、经营和使用检验，国家有关部门就出台了检验的技术标准和要求，对送检的时间也有具体规定。关于检测或检验的时间，有要求在生产环节的，也有要求在经营和使用环节的，这要看具体采购项目的特点。如果是国家强制在生产环节就要求进行检测检验的，生产商在参加政府采购活动时就应该具备检测报告。如果国家没有强制要求，而是采购人根据项目特点要求提供检测报告的，则要考虑给予充分的检测时间。

"时间就是生命，时间就是竞争力。"这句话对于参与政府采购的供应商来讲，一点也不为过。然而，有些采购人却以"时间"设置限制性条款，违背了政府采购公平公正的原则。举个类似的例子，某项目在售后服务方面要求供应商在20分钟内到现场，按照当地的交通状况，这是变相地将成交供应商限制为距离采购单位较近的公司，属于以不合理条件对供应商构成差别或歧视待遇，实践中应当避免。

(三) 合理分包助力精准采购

本项目采购的X光机事实上有两个用途，一方面是用于民用航空安全检查，另一方面是用于港口、公路口岸安全检查等。用于民用机场的X光机要求较高，应当依法取得民用航空安全检查设备使用许可。但并非民用航空安全检查使用的X光机，则没有必须取得许可的法定要求。

专家们提出，事实上有一个"两全之策"，既可以满足采购人的多重需求，又能让项目免遭质疑投诉，这一"锦囊妙计"就是合理分包。所以，对该项目进行合理分包，民航安检设备作为单独一包，设置更加严格的资格条件，较为适当。

跳出本项目，黄钢平认为，采购项目是否要分包，实践中也应当根据项目特点来确定，总体原则是便于采购项目更好、更快地实施。正所谓把专业的事情交由专业的公司（或人员）去做，这样才能确保质量和效率，也才能实现政府采购物有所值的目标。

黄钢平进一步解释道，比如，复合型项目，考虑专业性问题，会采用分包方式实施采购。如信息化建设项目，当涉及系统开发（或软件开发）和部分设备采购时（如服务器），建议最好采用分包方式采购。因为系统或软件开发商也不生产服务器，分包采购，中标供应商会更加专业，更利于项目实施，更能保证质量。当然，有时也存在一家供应商难以承接而需要多家供应商供货的情况，也可采取分包方式采购。比如农房保险项目，因为南方雨季时农房容易出现倒塌等现象，一家保险机构难以在多地快速实现理赔和安置受灾群众，如果按片区分包采购，由多家保险机构承担，会更能体现项目实施的意义。

案例 24

J 单位新闻策划支持系统软件开发项目举报案

关键词

投标有效期　撤销投标　废标行为无效

案例要点

投标人在投标文件中确定了投标有效期的,在开标之后不得撤销投标文件。投标人坚持撤销的,不影响评审活动和后续采购活动的进行。

案例详情

基本案情

采购人J单位委托代理机构Z公司就J单位新闻策划支持系统软

件开发项目（以下简称本项目）进行公开招标。2018年6月19日，代理机构Z公司发布招标公告。7月10日，本项目开标、评标。7月18日，代理机构Z公司发布废标公告。

8月7日，财政部收到举报材料。举报人反映：本项目有3家以上供应商进入评审阶段，评标委员会经评审确定了中标候选人。代理机构Z公司发布废标公告与评审结果不符。

财政部依法启动监督检查程序，并向相关当事人调取证据材料。

采购人J单位称：供应商Y公司于评标结束后向代理机构Z公司提交了撤销投标的申请，导致对招标文件作出实质性响应的供应商不足3家，本项目依法应予废标，采购人J单位对废标结果无异议。

代理机构Z公司称：（1）7月10日上午，本项目开标、评标，共有4家供应商递交了投标文件，其中3家供应商通过资格审查。评标委员会经评审，推荐供应商T公司为中标候选人。（2）7月10日下午，供应商Y公司提交撤销投标申请，导致对招标文件作出实质性响应的供应商不足3家。因该情形发生在评标委员会评审并签署评标报告之后，且不属于《政府采购货物和服务招标投标管理办法》（财政部令第87号）规定的应当组织原评标委员会重新评审的情形，本项目予以废标，供应商Y公司的投标保证金不予退还。

经查,招标文件显示,投标人不得在开标时间起至投标文件有效期期满前撤销其投标文件。否则其投标保证金将被没收。

供应商Y公司投标文件显示,其投标有效期为自开标日起120个日历日。

《评标报告》显示,包括供应商T公司、Y公司在内的3家供应商通过资格审查,评标委员会推荐T公司为第一中标候选人。

代理机构Z公司提交的由供应商Y公司出具的《投标撤销申请》显示,经本公司内部慎重的研究讨论,认为本公司并不具备该项目的交付能力,因此申请撤销本次投标,落款时间为2018年7月10日。

废标公告显示,因实质性响应招标文件的供应商不足三家,本项目废标。

处理结果

本项目废标缺乏依据,认定废标行为无效。

相关当事人在法定期限内未就处理决定申请行政复议、提起行政诉讼。

处理理由

关于举报人反映的代理机构Z公司发布废标公告与评审结果不符的问题。为维护国家利益和社会公共利益,确保政府采购市场公平竞争的良好秩序，供应商一旦决定参与政府采购活动，应当按照审慎的原则，规范自己的投标行为。本案中，供应商Y公司在投标时已经确定了投标有效期，且本项目已经进入开标、评标程序。因此，供应商Y公司不得撤销投标，其撤销投标的行为不影响评审活动和后续采购活动的进行。

其他应注意事项

（1）财政部门认定废标行为无效后，采购人、代理机构应当依法开展后续工作。

（2）采购人是作出废标决定的主体。

（3）撤销投标、撤回投标与放弃中标的区别。

相关依据

《中华人民共和国政府采购法》第一条、第三条

第一条　为了规范政府采购行为，提高政府采购资金的使用效益，维护国家利益和社会公共利益，保护政府采购当事人的合法权益，促进廉政建设，制定本法。

第三条　政府采购应当遵循公开透明原则、公平竞争原则、公正原则和诚实信用原则。

《政府采购货物和服务招标投标管理办法》(财政部令第87号)第二十三条、第三十四条、第三十八条

第二十三条 投标有效期从提交投标文件的截止之日起算。投标文件中承诺的投标有效期应当不少于招标文件中载明的投标有效期。投标有效期内投标人撤销投标文件的,采购人或者采购代理机构可以不退还投标保证金。

第三十四条 投标人在投标截止时间前,可以对所递交的投标文件进行补充、修改或者撤回,并书面通知采购人或者采购代理机构。补充、修改的内容应当按照招标文件要求签署、盖章、密封后,作为投标文件的组成部分。

第三十八条 投标人在投标截止时间前撤回已提交的投标文件的,采购人或者采购代理机构应当自收到投标人书面撤回通知之日起5个工作日内,退还已收取的投标保证金,但因投标人自身原因导致无法及时退还的除外。

采购人或者采购代理机构应当自中标通知书发出之日起5个工作日内退还未中标人的投标保证金,自采购合同签订之日起5个工作日内退还中标人的投标保证金或者转为中标人的履约保证金。

采购人或者采购代理机构逾期退还投标保证金的,除应当退还投标保证金本金外,还应当按中国人民银行同期贷款基准利率上浮20%后的利率支付超期资金占用费,但因投标人自身原因导致无法

及时退还的除外。

专家解读[①]

政府采购招标要求"货比三家",只有实质性响应的供应商在三家以上,相关程序才能启动。然而,却有供应商曲解、滥用规则,在发现自己没有中标后,撤销自己的投标文件,以期让项目废标,想用"歪心思"达到不可诉说的目的,违背诚实信用的原则,扰乱政府采购的正常秩序。

对此,专家们强调,开标后,供应商不能撤销投标文件;实践中,要厘清撤销投标、撤回投标与放弃中标的关系和异同点;即便是要废标,也不能由代理机构作出废标决定,采购人才是废标决定的主体。

(一)开标后不能撤销投标文件

采购项目一旦开标,反悔的大门随之关闭,投标人不能再撤销投标文件。这便是本案例的核心要点。

为什么?福建省财政厅政府采购监督管理办公室李青说,事实上,对于投标人能不能在开标后撤销投标文件的问题,政府采购相

[①] 《如此撤销投标,消解的是政采诚信》,载于《中国政府采购报》2020年1月14日专家采访。

关法律法规或者是部门规章并没有明确的规定。她指出,《政府采购货物和服务招标投标管理办法》(财政部令第87号)第三十八条只是规定,投标人在投标截止时间前撤回已提交的投标文件的,采购人或者采购代理机构应当自收到投标人书面撤回通知之日起5个工作日内,退还已收取的投标保证金,但因投标人自身原因导致无法及时退还的除外。

中国政法大学比较法学研究院政府采购法研究中心主任谢立斌教授表示,"然而,实践情况瞬息万变,法律并不能穷尽现实,成文法具有一定的滞后性"。他指出,在本案例中,供应商Y公司在发现自己没有中标的情形下,撤销投标文件,意图非常明显,自己没中标,也不想让别人得到供货机会,属于主观恶意撤销投标文件,按照《中华人民共和国政府采购法》的基本原则,应当认定撤销投标行为无效。

北京市财政局政府采购管理处谢垚认为,该案例运用《中华人民共和国政府采购法》的基本原则,解决了具体的法律问题。谢垚指出,《中华人民共和国政府采购法》第三十六条第一项规定,在招标采购中,出现下列情形之一的,应予废标:符合专业条件的供应商或者对招标文件作实质响应的供应商不足三家的。要分析本案,首先要明确《中华人民共和国政府采购法》第三十六条的立法目的,即实现充分竞争。从实践经验上看,只有实质性响应的供应商在三家以上，才能实现充分竞争的立法目的。但如果供应商在投标有效期内撤销投标文件，或者故意在投标文件中"埋雷"，后期通过投诉举报取消投标资格，导致实质性响应招标文件的供应商不足三家，这些做法违背诚实守信原则，曲解、滥用规则，不应被支持。这个案例的重要意义在于，为投标供应商撤销投标文件设定了规则。在开标之后，供应商就不得撤销投标文件。如果供应商坚持撤销的，其撤销行为也对评审活动不产生影响。这就让违反诚信原则的供应商无法操控政府采购活动，让合法参与投标活动的供应商的权益不受影响。

此外，在第三批政府采购行政裁决指导性案例的编审会议中，有专家提出，该案例能不能从《中华人民共和国合同法》中寻求答案？招标文件是要约邀请，而投标文件是附带生效条件的要约，按照《中华人民共和国合同法》第十九条的相关规定，要约人确定了承诺期限或者以其他形式明示要约不可撤销。

对此，有部分专家存在疑义，他们认为，政府采购合同才适用《中华人民共和国合同法》，本案是围绕采购程序问题展开的，不应将《中华人民共和国合同法》的相关内容作为判定依据。尽管如此，法律背后的原则和精神仍可借鉴和参照。《中华人民共和国合同法》第十九条规定旨在通过维护要约的不可撤销性来维护法律秩序的安定，此种精神在政府采购程序中也应得到贯彻。

（二）厘清撤销投标、撤回投标、放弃中标的关系

撤销投标、撤回投标、放弃中标，三个词字形上"难分伯仲"，实质上却"泾渭分明"。

一是时间节点不同。广西财政厅政府采购监督管理处处长黄钢平指出，撤销投标的时间一般是发生在开标截止后、中标结果确定前；撤回投标是指投标人在投标截止时间前，可以对所递交的投标文件进行补充、修改或者撤回，并书面通知采购人或者采购代理机构；而放弃中标的时间则是在中标结果确定之后。

二是行为主体的身份有差别。谢立斌表示，"撤回、撤销投标的供应商不一定是中标供应商，但放弃中标的行为主体肯定是中标供应商。撤回投标的供应商不一定能够通过资格审查，但撤销投标的供应商则是资格'合格'的供应商"。

三是法律后果不尽相同。黄钢平介绍说，根据《政府采购货物和服务招标投标管理办法》（财政部令第87号）第三十四条的规定，撤回投标的供应商还可以在"截标"前再参与投标；关于撤销投标，第二十三条明确规定，投标有效期内投标人撤销投标文件的，采购人或者采购代理机构可以不退还投标保证金。另外，《政府采购非招标采购方式管理办法》（财政部令第74号）第二十条第二款也有类似规定，供应商在提交响应文件截止时间后撤回响应文件的，保证金不予退还。因此，撤销投标的法律后果，除不退还投标

保证金外，视情况可能还要承担相应的法律责任；至于放弃中标，依照《中华人民共和国政府采购法》第四十六条第二款、《中华人民共和国政府采购法实施条例》第四十九条以及《政府采购货物和服务招标投标管理办法》（财政部令第87号）第七十条的规定，放弃中标导致项目重新采购的，则放弃中标的供应商不得再参加该项目的采购活动，无故违约的供应商还要承担相应的法律责任。

（三）采购人是作出废标决定的主体

在本案例中，代理机构听了供应商Y公司的一番撤销投标说辞后发布了废标公告。据了解，在其他一些项目中存在代理机构对供应商进行资格审查时，发现通过资格审查或实质响应采购文件的供应商不足3家，就立即启动废标程序的现象。

实践中，代理机构"越权"决定废标的事件不在少数，但专家们也提出，关于废标主体是谁的问题，法律在这方面却是空白。

对此，谢垚分析说，根据《中华人民共和国政府采购法》第三十六条的规定，应由采购人作出废标决定，这也符合压实采购人主体责任的改革精神。但采购人行使该项权利时，不得违反法律法规的规定，不得违背诚实信用的基本原则。

黄钢平也持有相同的观点，"依照《中华人民共和国政府采购法》第三十六条第二款规定，废标后，采购人应当将废标理由通知所有投标人，采购人是作出废标决定的主体，但采购人是基于评标委员会作出的评审结果而决定的"。

李青表示,代理机构作出的废标决定,一定要是经过采购人授权后的处理决定才可以,代理机构不是废标决定的主体,不能越俎代庖。另外,如果采购项目启用了投诉处理程序,财政部门是可以来认定能否废标的。

案例 25

L 研究所研究仪器设备购置项目投诉案

关键词

获取招标文件　采购需求管理　供应商组织形式　差别歧视待遇

案例要点

采购人、代理机构在供应商获取招标文件环节设置审查条件，构成以不合理的条件对供应商实行差别待遇或者歧视待遇。

采购人、代理机构根据采购项目实际需求和特点在招标文件中规定投标供应商需为采购产品的制造商或者代理商的，不属于《中华人民共和国政府采购法实施条例》第二十条规定的"非法限定供应商的组织形式"的情形。

案例详情

基本案情

采购人L研究所委托代理机构S公司就L研究所研究仪器设备购置项目（以下简称本项目）进行公开招标。2019年6月4日，代理机构S公司发布招标公告。6月20日，供应商C公司提出质疑。6月26日，本项目开标、评标，代理机构S公司答复质疑并发布第一包废标公告。6月28日，代理机构S公司发布第一包第二次招标公告。7月1日，代理机构S公司发布第二、三包中标公告。7月19日，本项目第一包开标、评标。7月23日，代理机构S公司发布第一包中标公告。

7月23日，供应商C公司向财政部提起投诉，投诉事项为：（1）招标公告规定投标人必须是所投产品的制造商或代理商，剥夺了经销商参加政府采购的合法权利，属于《中华人民共和国政府采购法实施条例》第二十条第（七）项规定的非法限定供应商的组织形式的情形。（2）招标公告规定供应商在购买招标文件时需提供营业执照副本等文件，违反了《政府采购货物和服务招标投标管理办法》（财政部令第87号）第四十四条有关开标后进行资格审查的规定，代理机构S公司重复进行资格评审。

财政部依法受理本案，并向相关当事人调取证据材料。

采购人L研究所、代理机构S公司称：（1）招标公告的资格要求规定，投标人必须是所投产品的制造商或代理商，代理商投标须提供制造商的专项授权（如所投产品为进口产品）。该条规定是在所投产品为进口产品的前提下作的要求，且需提供的内容为进口产品授权，并未对供应商的组织形式作出任何限定。（2）招标公告规定供应商在购买招标文件时需提供投标人营业执照副本（复印件加盖公章）、法人代表的授权委托书（原件）及被授权人身份证（复印件加盖公章）或单位介绍信（原件），以上内容是为了确认报名事项为供应商真实的意思表示，不涉及资格审查。（3）本项目已签订政府采购合同并支付采购资金。

经查，招标公告显示，投标人必须是所投产品的制造商或代理商，代理商投标须提供制造商的专项授权（如所投产品为进口产品）；本次采购接受进口产品投标。

招标公告中的其他补充事宜显示，购买招标文件时需提供以下文件：投标人营业执照副本（复印件加盖公章），法人代表的授权委托书（原件）及被授权人身份证（复印件加盖公章）或单位介绍信（原件）。

处理结果

根据《政府采购质疑和投诉办法》（财政部令第94号）第二十九条第（二）项的规定，投诉事项（1）缺乏事实依据；根据

第三十一条的规定，投诉事项（2）成立。

根据《政府采购质疑和投诉办法》（财政部令第94号）第三十一条第（四）项的规定，政府采购合同已经履行，给他人造成损失的，相关当事人可依法提起诉讼，由责任人承担赔偿责任。

责令代理机构S公司就供应商获取招标文件环节设置审查条件的问题限期改正。

相关当事人在法定期限内未就处理决定申请行政复议、提起行政诉讼。

处理理由

关于投诉事项（1），采购人可以根据采购项目的特殊要求规定供应商的特定条件。本项目要求投标人是投标产品的制造商或代理商，不构成以不合理的条件对供应商实行差别待遇或歧视待遇。此外，《中华人民共和国政府采购法实施条例》第二十条第（七）项规定的组织形式包括法人、其他组织和自然人，限定制造商或代理商不属于该条规定的非法限定供应商的组织形式的情形。

关于投诉事项（2），本项目属于公开招标项目，政府采购相关法律法规未对供应商获取招标文件作限制性规定，未赋予采购人、代理机构在获取招标文件环节对供应商进行审查的权利和义务，也即所有潜在供应商均可以获取招标文件。本项目要求供应商获取招标文件时提供营业执照副本等文件没有法律依据,且相关做法与优化营商环境的改革方向不符。

相关依据

《中华人民共和国政府采购法》第二十二条

第二十二条 供应商参加政府采购活动应当具备下列条件:

(一)具有独立承担民事责任的能力;

(二)具有良好的商业信誉和健全的财务会计制度;

(三)具有履行合同所必需的设备和专业技术能力;

(四)有依法缴纳税收和社会保障资金的良好记录;

(五)参加政府采购活动前三年内,在经营活动中没有重大违法记录;

(六)法律、行政法规规定的其他条件。

采购人可以根据采购项目的特殊要求,规定供应商的特定条件,但不得以不合理的条件对供应商实行差别待遇或者歧视待遇。

《中华人民共和国政府采购法实施条例》第二十条

第二十条 采购人或者采购代理机构有下列情形之一的,属于以不合理的条件对供应商实行差别待遇或者歧视待遇:

（一）就同一采购项目向供应商提供有差别的项目信息；

（二）设定的资格、技术、商务条件与采购项目的具体特点和实际需要不相适应或者与合同履行无关；

（三）采购需求中的技术、服务等要求指向特定供应商、特定产品；

（四）以特定行政区域或者特定行业的业绩、奖项作为加分条件或者中标、成交条件；

（五）对供应商采取不同的资格审查或者评审标准；

（六）限定或者指定特定的专利、商标、品牌或者供应商；

（七）非法限定供应商的所有制形式、组织形式或者所在地；

（八）以其他不合理条件限制或者排斥潜在供应商。

《政府采购货物和服务招标投标管理办法》（财政部令第87号）第十七条、第四十四条

第十七条　采购人、采购代理机构不得将投标人的注册资本、资产总额、营业收入、从业人员、利润、纳税额等规模条件作为资格要求或者评审因素，也不得通过将除进口货物以外的生产厂家授权、承诺、证明、背书等作为资格要求，对投标人实行差别待遇或者歧视待遇。

第四十四条　公开招标采购项目开标结束后，采购人或者采购

代理机构应当依法对投标人的资格进行审查。

合格投标人不足3家的，不得评标。

《政府采购质疑和投诉办法》（财政部令第94号）第二十九条、第三十一条

第二十九条　投诉处理过程中，有下列情形之一的，财政部门应当驳回投诉：

（一）受理后发现投诉不符合法定受理条件；

（二）投诉事项缺乏事实依据，投诉事项不成立；

（三）投诉人捏造事实或者提供虚假材料；

（四）投诉人以非法手段取得证明材料。证据来源的合法性存在明显疑问，投诉人无法证明其取得方式合法的，视为以非法手段取得证明材料。

第三十一条　投诉人对采购文件提起的投诉事项，财政部门经查证属实的，应当认定投诉事项成立。经认定成立的投诉事项不影响采购结果的，继续开展采购活动；影响或者可能影响采购结果的，财政部门按照下列情况处理：

（一）未确定中标或者成交供应商的，责令重新开展采购活动。

（二）已确定中标或者成交供应商但尚未签订政府采购合同的，认定中标或者成交结果无效，责令重新开展采购活动。

（三）政府采购合同已经签订但尚未履行的，撤销合同，责令重新开展采购活动。

（四）政府采购合同已经履行，给他人造成损失的，相关当事人可依法提起诉讼，由责任人承担赔偿责任。

专家解读[①]

限定制造商或代理商不属于《中华人民共和国政府采购法实施条例》规定的非法限定供应商的组织形式，可偏偏有供应商以此投诉，将代理商与组织形式相混淆；政府采购相关法律法规未对供应商获取招标文件作限定，但采购人却在招标公告中规定，供应商在购买招标文件时需提供营业执照副本、法人代表的授权委托书等文件。由于对有关法律文件和优化营商环境改革精神理解不到位，结果招致投诉。

对此，多数专家表示，依法保障各类市场主体平等参与政府采购活动的权利，是优化政府采购营商环境的基础。政府采购各方当事人应正确理解相关法律法规和政策，既不能理解"缺位"，更不能执行"越位"，应把握好实践的分寸，坚持适度原则。

---

① 《此种"偏离"皆与优化营商环境相背》，载于《中国政府采购报》2020年1月21日专家采访。

（一）概念理解不能"错位"：组织形式有正解

对于本案例中的投诉事项（1），供应商就犯了概念混淆的错。关于组织形式，河南省财政厅政府采购监督管理处处长邓清海表示，《中华人民共和国政府采购法实施条例》第二十条第（七）项中提到的组织形式，应理解为法人、其他组织或自然人。

国家税务总局集中采购中心处长陈振雷说，业界对制造商、代理商、经销商也有"约定俗成"的解释。他介绍道，一般认为，制造商就是原生产厂商，可以说是货物来源的"源头"；代理商是在制造商的委托范围内帮助制造商销售产品，赚取企业代理佣金，其所代理产品的所有权属于制造商，而非代理商，因此产品的售后服务均由制造商负责，维修服务有保障；经销商则是从制造商处进货后转手卖出，获得经营利润且拥有产品的所有权(买断制造商的产品或服务)，经营活动过程不受或很少受供货商限制，其在售后服务保障能力方面与制造商、代理商存在一定差距。

在厘清组织形式、制造商、代理商和经销商的概念后，第三批政府采购行政裁决指导性案例的法律顾问郑梅清指出，《中华人民共和国政府采购法实施条例》第二十条第（七）项规定的组织形式包括法人、其他组织和自然人，制造商或代理商参与投标不属于其规定的非法限定供应商的组织形式情形。

陈振雷表示，"组织形式是一个法定的概念，而制造商、代理商和经销商是一个市场概念,是一种对供应商功能角色的定位,两个概念属于不同的领域,不能混淆"。

此外,郑梅清强调,《中华人民共和国政府采购法实施条例》第二十条第(七)项所禁止的是非法限定,为了维护国家的安全利益,或者保证公共服务的质量和便利性等,对于特定的政府采购项目,可以按照项目特点依法设定供应商的所有制形式、组织形式或者所在地。

(二)政策认识不能"缺位":资格审查在开标后进行

《政府采购货物和服务招标投标管理办法》(财政部令第87号)第四十四条规定,公开招标采购项目开标结束后,采购人或者采购代理机构应当依法对投标人的资格进行审查。

《关于促进政府采购公平竞争优化营商环境的通知》(财库〔2019〕38号)明确,应予全面清理的政府采购领域妨碍公平竞争的规定和做法包括,要求供应商在政府采购活动前进行不必要的登记、注册,或者要求设立分支机构,设置或者变相设置进入政府采购市场的障碍。

《优化营商环境条例》规定,国家持续深化简政放权、放管结合、优化服务改革,最大限度减少政府对市场资源的直接配置,最大限度减少政府对市场活动的直接干预,加强和规范事中事后监管,着力提升政务服务能力和水平,切实降低制度性交易成本,更大激发市场活力和社会创造力,增强发展动力。

邓清海表示,根据相关制度文件的规定,公开招标采购项目开标结束后,采购人或者采购代理机构应当依法对投标人的资格进行审查,包括审查供应商营业执照等证明性材料,未赋予采购人、代理机构在获取招标文件环节对供应商进行审查的权利和义务。在购买招标文件时设置审查营业执照环节,一方面会增加供应商重复提交资料的负担,与优化营商环境的改革方向不符,另一方面以此限制供应商获取招标文件,也是以不合理条件限制供应商参与政府采购活动的表现。

郑梅清进一步指出,根据上述规定和优化营商环境的改革方向,所有潜在供应商均可以获取招标文件。本项目要求供应商获取招标文件时提供营业执照副本等文件没有法律依据,与优化营商环境的改革"风向标"相冲突。

(三)把握好实践分寸

各方当事人对概念、政策理解上的"误差"往往导致政府采购实践的错综复杂。对于本案例关于组织形式和标前提交证明材料的投诉事项,采购人也有着自己的无奈,往往是"好心办错了事"。

关于对制造商、代理商和经销商的理解,实践中,市场主体只要符合《中华人民共和国政府采购法》第二十二条的规定,不论是制造商、代理商或经销商,均可以参与政府采购活动,但让人不解的是:"如果在采购文件中规定,只有制造商和代理商才能参加本项目的投标,经销商不能参与,这难道不是对供应商实行了差别待遇吗?"

陈振雷表示,"实践中,对于一些大型设备的采购,与经销商相比,制造商和代理商在售后服务、技术支持、应急保障等方面更符合项目实施要求和实际需要,因此,对于一些特定的项目,采购人会要求只有制造商和代理商才能参与,这是具有合理性的。在本案例中,采购人L研究所、代理机构S公司也称,之所以规定投标人必须是所投产品的制造商或代理商,是因为该项目为进口产品采购,供应商提供的内容为进口产品授权。另外,法律对此没有明确规定,法无禁止即可为"。因此,要根据现实情况灵活把握,不能刻板僵化地理解不得以特定条件对供应商实行差别或歧视性待遇的规定。

对于投诉事项(2),招标公告规定供应商在购买招标文件时需提供营业执照副本等文件,有专家介绍道,事实上,有很多采购人这样做,其初衷并不是为了将资格审查环节前置,主要是要确保供应商的投标是真实意思的表达,减少履约风险,但这种做法在形式和审查内容方面有代替或前置资格审查之嫌。《关于促进政府采购公平竞争优化营商环境的通知》(财库〔2019〕38号)也明确指出,不得要求供应商在政府采购活动前进行不必要的登记、注册。这里就要面对一个现实难题，必要的登记、注册是允许的，但具体包括哪些形式和内容，是否提供相关证明材料，"法"并无明确释义。供应商领取采购文件是其参加该项目后续采购活动的前提，而作为采购人或采购代理机构，需要对供应商领取采购文件时的真实意图进行确认。从实践角度看，如何要求供应商提供的材料既能够保证采购人采信过程的顺利实施，又能够和《政府采购货物和服务招标投标管理办法》（财政部令第87号）中资格审查的规定不冲突，这是当前或一段时期内值得研究的一个问题。

对政府采购相关法律法规和政策理解要不错位、不缺位，这样政策才能更加"落地有声"。然而，知之非艰，行之惟艰，实践中还应结合项目特点，灵活把握。

案例 26

M 研究院空调及电力改造项目投诉案

关键词

合法权益受损　质疑投诉主体资格　滥用质疑投诉权利

案例要点

供应商质疑、投诉自身响应文件不满足采购文件要求的，属于滥用质疑投诉权利，不属于《中华人民共和国政府采购法》第五十二条规定的"采购文件、采购过程和中标、成交结果使自己的权益受到损害"的情形，不具备质疑投诉主体资格。

案例详情

基本案情

采购人 M 研究院委托代理机构 G 公司就 M 研究院空调及电力

改造项目（以下简称本项目）进行公开招标。2018年6月29日，代理机构G公司发布招标公告，此后组织了开标、评标工作。8月13日，代理机构G公司发布中标公告，供应商A公司为中标供应商。8月14日，供应商B公司提出质疑。8月20日，代理机构G公司答复质疑。

8月30日，供应商B公司向财政部提起投诉。投诉事项为：本项目招标文件投标产品的资质要求规定，所投产品必须具有《全国工业产品生产许可证》，生产许可证应能覆盖全容量段制冷量25~300kW，并提供相应生产许可证容量段证明文件。供应商B公司投标文件中提供的《全国工业产品生产许可证》中直膨机的全容量段制冷量为25~160kW，全新风处理机的全容量段制冷量为24.5~204kW，无法满足招标文件实质性要求，不应通过符合性审查。本项目通过符合性审查的供应商不足3家，应当废标。

财政部依法受理本案，并向相关当事人调取证据材料。

采购人M研究院称：已暂停本项目采购活动。

代理机构G公司称：供应商B公司提起的质疑事项不属于《政府采购质疑和投诉办法》（财政部令第94号）第十条规定的中标结果使自己的权益受到损害的情形，不符合提出质疑的前提条件。

处理结果

根据《中华人民共和国政府采购法》第五十二条、第五十五条、《政府采购质疑和投诉办法》（财政部令第94号）第十条、第二十九条第（一）项的规定，驳回投诉。

相关当事人在法定期限内未就处理决定申请行政复议、提起行政诉讼。

处理理由

关于投诉事项，供应商应当仔细阅读招标文件并如实应答，在自己投标失误后又以此为由寻求对采购项目结果的改变，属于滥用质疑和投诉权利损害政府采购秩序，影响政府采购效率的行为，违反了公平竞争、诚实信用的基本原则。根据《中华人民共和国政府采购法》第五十二条、第五十五条的规定，供应商认为采购文件、采购过程和中标、成交结果使自己的权益受到损害的，可以提出质疑和提起投诉。本案中，供应商B公司主张自己不应当通过符合性审查，该事项并不涉及对供应商B公司自己权利的损害。因此，供应商B公司不具备针对该事项提出质疑和提起投诉的资格。

相关依据

《中华人民共和国政府采购法》第一条、第三条、第五十二条、第五十五条

第一条 为了规范政府采购行为，提高政府采购资金的使用效益，维护国家利益和社会公共利益，保护政府采购当事人的合法权益，促进廉政建设，制定本法。

第三条 政府采购应当遵循公开透明原则、公平竞争原则、公正原则和诚实信用原则。

第五十二条 供应商认为采购文件、采购过程和中标、成交结果使自己的权益受到损害的，可以在知道或者应知其权益受到损害之日起七个工作日内，以书面形式向采购人提出质疑。

第五十五条 质疑供应商对采购人、采购代理机构的答复不满意或者采购人、采购代理机构未在规定的时间内作出答复的，可以在答复期满后十五个工作日内向同级政府采购监督管理部门投诉。

《政府采购质疑和投诉办法》（财政部令第94号）第十条、第二十九条

第十条 供应商认为采购文件、采购过程、中标或者成交结果使自己的权益受到损害的，可以在知道或者应知其权益受到损害之日起7个工作日内，以书面形式向采购人、采购代理机构提出质疑。

采购文件可以要求供应商在法定质疑期内一次性提出针对同一采购程序环节的质疑。

第二十九条 投诉处理过程中，有下列情形之一的，财政部门应当驳回投诉：

（一）受理后发现投诉不符合法定受理条件；

（二）投诉事项缺乏事实依据，投诉事项不成立；

（三）投诉人捏造事实或者提供虚假材料；

（四）投诉人以非法手段取得证明材料。证据来源的合法性存在明显疑问，投诉人无法证明其取得方式合法的，视为以非法手段取得证明材料。

专家解读[①]

在政府采购实践中，有一种貌似"自首式"的质疑投诉行为。评标结果公布后，供应商发现自己没有中标，便以自己的投标文件中某项技术参数不符合采购需求为由，发起质疑投诉，"引爆"自己，让项目废标，以期达到"我得不到的，别人也休想得到"的自私目的。

"这种行为应该被制止！"在第三批政府采购行政裁决指导性案例的编审会议中，业内外专家都如此感叹。对此，专家提醒，这种供应商是得不到权利救济的，政府采购质疑投诉权应当给予最需要的人。

---

① 《把司法救济权给予最需要的人》，载于《中国政府采购报》2020年2月4日专家采访。

（一）权利救济的前提

供应商想要提起质疑投诉，也是需要具备一定"资格条件"的。《政府采购质疑和投诉办法》（财政部令第94号）第十条明确规定，供应商认为采购文件、采购过程、中标或者成交结果使自己的权益受到损害的，可以在知道或者应知其权益受到损害之日起7个工作日内，以书面形式向采购人、采购代理机构提出质疑。采购文件可以要求供应商在法定质疑期内一次性提出针对同一采购程序环节的质疑。第十一条还规定，提出质疑的供应商（以下简称质疑供应商）应当是参与所质疑项目采购活动的供应商。潜在供应商已依法获取其可质疑的采购文件的，可以对该文件提出质疑。对采购文件提出质疑的，应当在获取采购文件或者采购文件公告期限届满之日起7个工作日内提出。

"实际上，94号令已经说得非常清楚了"，国家税务总局集中采购中心处长陈振雷总结道，供应商发起质疑投诉的前提条件可以归结为两点，即参与政府采购活动和自己的权益受损。同时还应注意，供应商只能对已参与的采购环节进行质疑和投诉，如果其只是购买了采购文件，并没有参与后续采购活动，则无权对开标、评标或评标结果等提出质疑和投诉。

第三批政府采购行政裁决指导性案例的法律顾问郑梅清进一步指出，质疑、投诉是供应商的一项法定权利，是体现供应商对政府采购活动事项知情权和监督权的一项重要规定。从功能上来说，《中华人民共和国政府采购法》确立的质疑、投诉更多是对供应商合法权益受损的救济。一般认为，如果供应商提出的质疑、投诉事项并未直接影响其相关权益，该供应商就没有质疑、投诉的权利。根据《中华人民共和国政府采购法》第五十二条、第五十五条的规定，供应商只有在认为采购文件、采购过程和中标、成交结果使自己的权益受到损害的情况下，才可以进行质疑、投诉。其中，针对采购文件提出质疑的，为已依法获取采购文件的潜在供应商；针对采购过程、中标或者成交结果提出质疑的，为参与所质疑项目采购活动的供应商。

（二）"不怀好意"的后果

谁是最需要权利救济的人？在政府采购中合法权益遭受损害的供应商应先如是。

上述专家给出的法律出处给本案的处理提供了"站得住脚"的佐证。据此，财政部门认定供应商B公司主张自己不应当通过符合性审查，该事项并不涉及对供应商B公司自己权利的损害。因此，供应商B公司不具备针对该事项提出质疑和提起投诉的资格。

河南省财政厅政府采购监督管理处处长邓清海表示，公平竞争、诚实信用是《中华人民共和国政府采购法》所确立的政府采购活动遵循的基本原则。该案中供应商在知道自己的产品不符合招标文件实质要求的情况下，仍抱着侥幸心理投标，是一种不诚信行为；在自己未中标的情况下，企图以自己的错误来推翻中标结果，直接损害了中标供应商的权益，是一种不正当竞争行为。供应商企图以自己的错误惩罚别人而提出的质疑投诉，实际是滥用质疑和投诉权利，不仅损害政府采购秩序，也是违背诚实信用原则的。

对于这一处理结果，既然很明显认为供应商在明知通过符合性审查的供应商只有3家的情况下，以自己的投标文件不符合招标文件实质性要求为由投诉，从而让项目因实质性响应的供应商不足3家而废标，以获得再次投标、中标的机会。那么，为什么不对供应商的行为作进一步追究呢？

陈振雷表示，就本案例的事实很难认定供应商在投标文件中技术参数应答不符合采购需求的问题是其主观故意引起的，还是客观失误造成的。仅就质疑投诉本身而言，财政部依据现有情况做出供应商不符合质疑投诉资格、驳回其投诉的处置是合法合规的，也是目前最合适、最合理的处置结果。如拟追究供应商的责任，则还需要进一步加强和完善事实认定依据及标准、供应商信用评价及结果运用、罚处措施等方面的法律法规制度建设，才能达到"震慑"效果。

（三）防患未然的建议

实践中，由于一些供应商提出质疑、投诉的随意性较大，无效内容过多,部分供应商甚至将恶意质疑、投诉作为不正当竞争的手段。此类行为给政府采购活动进程造成了不必要的干扰,也损害了其他政府采购当事人的合法权益,虚耗了大量的社会资源和行政资源。

针对类似本案例这种"自首式"的恶意行为,专家们也给出了一些建设性的建议。

一是提高评审专家的专业素质和责任心。陈振雷表示,实际上,对于本案例这个项目,如果在评审阶段,评审专家能够根据招标文件和采购需求,对供应商技术参数的应答作出准确判断和正确甄别,便不会引发后续的一系列"麻烦"。此外,采购人代表在评审现场也应发挥作用,在允许范围内对采购需求加以说明,提醒专家准确理解技术参数,认真评审,降低评标的错误率。

二是加强政府采购信用体系建设。邓清海认为,此类案件也反映出,政府采购监督管理制度设计方面需要进一步完善,目前除了对违法违规行为进行行政处罚外,其他处理措施手段较弱,特别是信用管理手段没有很好发挥,政府采购信用体系不健全,一些尚未构成违法违规但又违背诚实信用原则的行为,不能及时在政府采购活动中予以惩戒。因此,建议加快政府采购领域信用体系建设,促进建立公平竞争、诚实信用的政府采购市场环境。

三是在法律修订时增设相关规定。郑梅清指出,供应商在其投标文件中预先"埋雷",一旦结果不理想就"引爆"自己使项目废标,属于非因外部因素对自身合法权益造成损害的滥诉行为,具有较强的主观恶意。类似行为严重影响政府采购的正常管理秩序,建议在后续政府采购法律法规修订过程中,参照供应商虚假、恶意投诉的有关规定,增设相应的法律责任条款。

专家们还一致表示,政府采购中的权利救济应当给予最需要的人,而不是成为不法供应商扰乱正常政府采购秩序的工具。法律维护的是合法的权益,惩戒的是违法的行径,不应成为非法行为的保护伞。

案例 27

M 中心防吸附气体采样袋及附件采购项目投诉案

关键词

综合评分法　评审标准　横向比较　绩效评价　采购标的

案例要点

采用综合评分法的，评审标准中的分值设置应当与评审因素的量化指标相对应，不应采用横向比较等方式进行评审。

采购文件的编制应当有利于绩效评价。

更正公告对产品的材质、技术要求等进行变更，不属于变更采购标的的情形。

案例详情

基本案情

采购人M中心委托代理机构Z公司就M中心防吸附气体采样袋及附件采购项目（以下简称本项目）进行公开招标。2018年4月13日，代理机构Z公司发布招标公告。4月24日至6月20日，代理机构Z公司先后发布五次更正公告。6月26日，供应商B公司提出质疑。6月28日，代理机构Z公司答复质疑。6月29日，代理机构Z公司发布第六次更正公告。

7月12日，供应商B公司向财政部提起投诉，投诉事项为：（1）代理机构Z公司发布的第四次更正公告对产品的材质、结构、技术要求等进行重大变更，改变了采购标的，违反了《政府采购货物和服务招标投标管理办法》（财政部令第87号）第二十七条的规定。（2）变更后的评标和检验环节取消了现场由采购人M中心委托的具有相应资质实验室进行检验的程序，无法保证评审的公平性，违反了《政府采购货物和服务招标投标管理办法》（财政部令第87号）第二十二条的规定。（3）变更后的招标文件增加了同类项目业绩的评分项，且多次延后开标压缩生产时间，违反了《政府采购货物和服务招标投标管理办法》（财政部令第87号）第十七条的规定，歧视小微企业。（4）变更后的评分项安全措施、样品和售后服务均采用各供应商横向比较,但是没有给出比较的项目及可量化指标,评标委员会无法客观量化打分。(5)采样袋的样品进出采样袋袋咀结构、材质和使用温度等关键指标发生重大变更,严重偏离首次及二次招标文件,且严重背离了采购人M中心于2017年12月召开的技术需求交流会上发布的采购需求,损害了部分供应商的利益,排斥潜在供应商。(6)采样袋的材质、结构、技术要求、检验方法等倾向个别供应商。(7)采购人M中心和代理机构Z公司频繁变更招标文件,损害了部分供应商的利益。

财政部依法受理本案,并向相关当事人调取证据材料。

采购人M中心称:(1)本项目变更的是技术条款,不属于变更采购标的的情形。(2)产品质量由供应商负责,证明材料由加盖公章的单位负责,投标文件全部内容由供应商承担法律责任。(3)增加同类项目业绩是为了考察供应商的生产和履约能力。(4)评分设置应能发挥评标委员会的作用,依靠专家的专业经验,给专家评审自由裁量的空间。(5)2017年12月召开的需求交流会属于本项目前期调研工作,会上已经明示交流内容不作为厂家研发和生产的依据,所有内容仅供参考,以最终的招标文件为准。(6)此次变更增加了招标文件的发售时间,有4家单位补充购买了招标文件,实际参与本项目的6家供应商均满足招标文件关于适用温度、采样袋袋咀结构、生产能力等要求,不存在指向特定供应商的情况。

（7）因有供应商质疑，代理机构Z公司于4月24日发布第一次更正公告。5月份，根据第二次全国污染源普查项目的性质和整体数据的质量要求，需统一全国的采样方法，以确保监测数据的可比性，需组织专家评审会论证各子项目的实施方案和技术指南，因此推迟了开标时间。6月份，第二次全国污染源普查工业污染源挥发性有机物产排污核算方法建立技术指南专家论证会明确，VOCs的采样与监测全部执行现有国家标准。因此采购人M中心采购采样袋的材质、结构、技术要求按照HJ732标准进行了相应变更。（8）本项目已签订采购合同，已完成部分材料验收。

代理机构Z公司称：（1）此次变更内容改变了招标文件的相关技术要求，未改变采购标的。（2）变更后原实验环节取消，不再安排现场实验，由供应商提供满足各项技术要求的全部有效证明材料。（3）招标文件已落实支持小微企业的政府采购政策，对小微企业的投标报价扣除6%后参与评审。（4）各供应商的综合得分由评标委员会根据投标文件应答情况进行横向比较，评审客观、公正。（5）招标文件不存在排斥潜在供应商的内容。（6）招标文件不存在指向特定供应商的内容。（7）本项目多次修改招标文件是为了更好地保护采购人M中心和所有供应商的利益。

经查，第四次更正公告中更正事项、内容显示，将原招标文件中安全措施的评分细则变更为采样袋能确保在防爆环境中安全使用，配备相应消除静电等安全措施。各投标人横向比较，最高得10分，每降低一个排序降3分，最低得0分，分值为10分。样品评分细则变更为根据样品的外观、材质、焊缝的平整度、操作方便性等进行判断，各投标人横向比较，最高得5分，每降低一个排序降2分，最低得0分，分值5分。售后服务的评分细则变更为审查供应商售后服务的技术力量，服务承诺响应情况，有完善的售后服务体系及保证措施，具有丰富的售后服务经验，出现不合格品处理方案可操作性强，保障措施有力，响应迅速等。各投标人横向比较，最高得5分，每降低一个排序降2分，最低得0分，分值5分。评分项目同类项目业绩的评分标准为投标人在2015年6月至今签署的类似业绩，可证明履约及生产能力的合同，每个合同得1分，最多5分，分值5分。将原招标文件货物需求一览表中货物名称为3L防吸附气体采样袋及附件，主要技术规格为采样袋主材薄膜材质应为PTFE或等效材料，采样袋与样品直接接触的配件材质应为PTFE，采样袋可在-40℃到260℃之间正常使用，变更为3L防吸附气体采样袋及附件，主要技术规格为满足标准HJ732-2014要求，采样袋主材材质为氟聚合物薄膜气袋，VOCs在气袋中能稳定保存；采样袋有一个PTFE接头，此接头是一个可开启和关闭的阀门装置，并与采样管及连接管等相配套，密闭连接。将原招标文件技术规格及要求中耐温性变更为耐温，采样袋可在150℃温度时正常使用，采样袋主材在150℃加热半小时不熔化、不粘连，质量无明显变化。样品进、出采样袋的结构变更为接头，采样袋接头外径5mm，带螺纹，配套有中间开孔的密封帽，其密封垫内衬PTFE材质。将技术规则及要求变更为本项目需提供样品1套，随投标文件一起密封。样品数量为3L防吸附气体采样袋及附件共1套。原实验环节取消，不再安排现场实验。开标地点、样品递交地点变更为Z公司二层会议室。

代理机构Z公司于2018年6月29日发布的第六次更正公告中的更正事项、内容显示，原招标文件第九章评标方法和标准：在评分细则中显示，产品的技术性能评分依据是提供满足各项技术要求的全部有效证明材料。现增加补充内容：产品的有效合理证明材料包括但不限于：第三方检测单位出具的检测报告，或自证产品质量符合要求的检测报告（盖单位公章、有相关的检测数据或照片等）等文件。产品质量由投标人负责、证明材料由盖公章单位负责。投标文件全部内容的法律责任由投标人承担。

招标文件第九章评标方法和标准中评标方法显示，（1）按照《评委评分表》所列的各项评标因素及权重，采用综合打分的方法进行。（2）小型和微型企业产品的价格给予6%的扣除，用扣除后的价格参与评审。

《评委评分表》显示，有5家供应商同时满足招标文件关于采样袋袋咀、材质、使用温度的要求。

采购人M中心提供的第1、2、3、4、10期《M中心VOCs项目组会议纪要》显示，采购人根据本项目的整体进度要求、相关质疑情况以及专家论证结果，相应修改招标文件。

《中华人民共和国国家环境保护标准HJ732-2014（固定污染源废气挥发性有机物的采样气袋法）》中规定：采样气袋应为低吸附性和低气体渗透率，不释放干扰物质，经实验验证所监测的目标VOCs在气袋中能稳定保存的氟聚合物薄膜气袋，具有可接上采样管的聚四氟乙烯（Teflon）材质的接头，该接头同时也是一个可开启和关闭的阀门装置。采样气袋的容积至少1L，根据分析方法所需的最少样品体积来选择采样气袋的容积规格。采样前应观察气袋外观，检查是否有破裂损坏等可能漏气的情况，如发现则弃用。

处理结果

根据《政府采购质疑和投诉办法》（财政部令第94号）第二十九条第（二）项的规定，投诉事项（1）、（2）、（3）、（5）、（6）、（7）缺乏事实依据；根据第三十一条的规定，投诉事项（4）成立。

鉴于本项目政府采购合同已经履行，根据《中华人民共和国政府采购法》第七十一条、《中华人民共和国政府采购法实施条例》第六十八条第（七）项的规定，责令代理机构Z公司就招标文件评审标准中的分值设置未与评审因素的量化指标相对应的问题限期整改。

相关当事人在法定期限内未就处理决定申请行政复议、提起行政诉讼。

处理理由

关于投诉事项（1），本项目第四次更正公告显示，采购标的的材质、容积、接头、耐温性、耐压性、安全性能等技术要求以及检验方法均发生变更，但是并不构成对采购标的的改变。

关于投诉事项（2），现场实验程序并非《政府采购货物和服务招标投标管理办法》（财政部令第87号）第二十二条的强制性要求。本项目由评标委员会根据供应商提供的检测报告等进行评审，未违反相关规定。

关于投诉事项（3），本项目招标文件已按相关规定对小微企业产品的价格给予了6%的扣除，招标文件变更部分不属于《政府采购货物和服务招标投标管理办法》（财政部令第87号）第十七条规定的歧视小微企业的情形。

关于投诉事项（4），采用综合评分法时，除价格以外的评审因素均应按照投标文件对招标文件的响应情况打分，而非通过投标文件之间的比较进行打分。本项目评审因素安全措施、样品和售后服务采用横向比较各投标文件的方式进行打分，属于《中华人民共和国政府采购法实施条例》第六十八条第（七）项规定的采用综合评分法时评审标准中的分值设置未与评审因素的量化指标相对应的情形。

关于投诉事项（5）、（6），代理机构Z公司于2018年6月19日发布第四次更正公告，对采样袋袋咀结构、主材薄膜材质和使用温度进行变更。本项目评标报告显示，有5家供应商同时满足修改后招标文件的要求。现有证据不足以证明招标文件指向特定供应商或排斥潜在供应商。

关于投诉事项（7），采购人M中心提供的5期《M中心VOCs项目组会议纪要》显示，采购人M中心根据本项目的整体进度要求、相关质疑情况以及专家论证结果修改招标文件，同时，代理机构Z公司按照法律规定相应顺延开标时间，没有减损供应商的利益。

相关依据

《中华人民共和国政府采购法》第七十一条

第七十一条　采购人、采购代理机构有下列情形之一的，责令限期改正，给予警告，可以并处罚款，对直接负责的主管人员和其他直接责任人员，由其行政主管部门或者有关机关给予处分，并予通报：

（一）应当采用公开招标方式而擅自采用其他方式采购的；

（二）擅自提高采购标准的；

（三）以不合理的条件对供应商实行差别待遇或者歧视待遇的；

（四）在招标采购过程中与投标人进行协商谈判的；

（五）中标、成交通知书发出后不与中标、成交供应商签订采购合同的；

（六）拒绝有关部门依法实施监督检查的。

《中华人民共和国政府采购法实施条例》第三十四条、第六十八条

第三十四条 政府采购招标评标方法分为最低评标价法和综合评分法。

最低评标价法，是指投标文件满足招标文件全部实质性要求且投标报价最低的供应商为中标候选人的评标方法。综合评分法，是指投标文件满足招标文件全部实质性要求且按照评审因素的量化指标评审得分最高的供应商为中标候选人的评标方法。

技术、服务等标准统一的货物和服务项目，应当采用最低评标价法。

采用综合评分法的，评审标准中的分值设置应当与评审因素的量化指标相对应。

招标文件中没有规定的评标标准不得作为评审的依据。

第六十八条 采购人、采购代理机构有下列情形之一的，依照

政府采购法第七十一条、第七十八条的规定追究法律责任:

(一)未依照政府采购法和本条例规定的方式实施采购;

(二)未依法在指定的媒体上发布政府采购项目信息;

(三)未按照规定执行政府采购政策;

(四)违反本条例第十五条的规定导致无法组织对供应商履约情况进行验收或者国家财产遭受损失;

(五)未依法从政府采购评审专家库中抽取评审专家;

(六)非法干预采购评审活动;

(七)采用综合评分法时评审标准中的分值设置未与评审因素的量化指标相对应;

(八)对供应商的询问、质疑逾期未作处理;

(九)通过对样品进行检测、对供应商进行考察等方式改变评审结果;

(十)未按照规定组织对供应商履约情况进行验收。

《政府采购货物和服务招标投标管理办法》(财政部令第87号)第十七条、第二十二条、第二十七条、第五十五条

第十七条 采购人、采购代理机构不得将投标人的注册资本、资产总额、营业收入、从业人员、利润、纳税额等规模条件作为资格要求或者评审因素,也不得通过将除进口货物以外的生产厂家授权、承诺、证明、背书等作为资格要求，对投标人实行差别待遇或者歧视待遇。

第二十二条 采购人、采购代理机构一般不得要求投标人提供样品，仅凭书面方式不能准确描述采购需求或者需要对样品进行主观判断以确认是否满足采购需求等特殊情况除外。

要求投标人提供样品的，应当在招标文件中明确规定样品制作的标准和要求、是否需要随样品提交相关检测报告、样品的评审方法以及评审标准。需要随样品提交检测报告的，还应当规定检测机构的要求、检测内容等。

采购活动结束后，对于未中标人提供的样品，应当及时退还或者经未中标人同意后自行处理；对于中标人提供的样品，应当按照招标文件的规定进行保管、封存，并作为履约验收的参考。

第二十七条 采购人或者采购代理机构可以对已发出的招标文件、资格预审文件、投标邀请书进行必要的澄清或者修改，但不得改变采购标的和资格条件。澄清或者修改应当在原公告发布媒体上发布澄清公告。澄清或者修改的内容为招标文件、资格预审文件、投标邀请书的组成部分。

澄清或者修改的内容可能影响投标文件编制的，采购人或者采购代理机构应当在投标截止时间至少15日前，以书面形式通知所有获取招标文件的潜在投标人；不足15日的，采购人或者采购代理机构应当顺延提交投标文件的截止时间。

澄清或者修改的内容可能影响资格预审申请文件编制的，采购人或者采购代理机构应当在提交资格预审申请文件截止时间至少3日前，以书面形式通知所有获取资格预审文件的潜在投标人；不足3日的，采购人或者采购代理机构应当顺延提交资格预审申请文件的截止时间。

第五十五条 综合评分法，是指投标文件满足招标文件全部实质性要求，且按照评审因素的量化指标评审得分最高的投标人为中标候选人的评标方法。

评审因素的设定应当与投标人所提供货物服务的质量相关，包括投标报价、技术或者服务水平、履约能力、售后服务等。资格条件不得作为评审因素。评审因素应当在招标文件中规定。

评审因素应当细化和量化，且与相应的商务条件和采购需求对应。商务条件和采购需求指标有区间规定的，评审因素应当量化到相应区间，并设置各区间对应的不同分值。

评标时，评标委员会各成员应当独立对每个投标人的投标文件进行评价，并汇总每个投标人的得分。

货物项目的价格分值占总分值的比重不得低于30%；服务项目的价格分值占总分值的比重不得低于10%。执行国家统一定价标准和采用固定价格采购的项目，其价格不列为评审因素。

价格分应当采用低价优先法计算，即满足招标文件要求且投标价格最低的投标报价为评标基准价，其价格分为满分。其他投标人的价格分统一按照下列公式计算：

投标报价得分＝（评标基准价／投标报价）×100

评标总得分＝$F1\times A1+F2\times A2+\cdots\cdots+Fn\times An$

F1、F2……Fn 分别为各项评审因素的得分；

A1、A2、……An 分别为各项评审因素所占的权重（$A1+A2+\cdots\cdots+An=1$）。

评标过程中，不得去掉报价中的最高报价和最低报价。

因落实政府采购政策进行价格调整的，以调整后的价格计算评标基准价和投标报价。

《政府采购质疑和投诉办法》（财政部令第94号）第二十九条、第三十一条

第二十九条 投诉处理过程中，有下列情形之一的，财政部门应当驳回投诉：

（一）受理后发现投诉不符合法定受理条件；

（二）投诉事项缺乏事实依据，投诉事项不成立；

（三）投诉人捏造事实或者提供虚假材料；

（四）投诉人以非法手段取得证明材料。证据来源的合法性存

在明显疑问，投诉人无法证明其取得方式合法的，视为以非法手段取得证明材料。

第三十一条　投诉人对采购文件提起的投诉事项，财政部门经查证属实的，应当认定投诉事项成立。经认定成立的投诉事项不影响采购结果的，继续开展采购活动；影响或者可能影响采购结果的，财政部门按照下列情况处理：

（一）未确定中标或者成交供应商的，责令重新开展采购活动。

（二）已确定中标或者成交供应商但尚未签订政府采购合同的，认定中标或者成交结果无效，责令重新开展采购活动。

（三）政府采购合同已经签订但尚未履行的，撤销合同，责令重新开展采购活动。

（四）政府采购合同已经履行，给他人造成损失的，相关当事人可依法提起诉讼，由责任人承担赔偿责任。

专家解读[①]

"综合评分法用对了，才能尽其用，利其果。"本案例中"横向比较"的评分方法，给如何正确使用综合评分法提了个醒。

---

① 《横向比较错哪儿了？》，载于《中国政府采购报》2020年2月14日专家采访。

（一）横向比较违背评分原则

在本案例中，招标文件明确规定，评标方法采用综合打分的方法进行。然而项目的第四次更正公告显示，对于安全设施、样品、售后服务等评分细则，评审专家采取横向比较的方法进行评分。根据该案的处理结果显示，横向比较这种方法错了。

要想知道横向比较错在哪里，首先要知道综合评分法的正确使用准则。

依据《中华人民共和国政府采购法实施条例》第三十四条规定，综合评分法，是指投标文件满足招标文件全部实质性要求且按照评审因素的量化指标评审得分最高的供应商为中标候选人的评标方法。采用综合评分法的，评审标准中的分值设置应当与评审因素的量化指标相对应。

厦门市财政局政府采购监督管理处处长陈世龙表示，评审专家对参与投标供应商的技术、商务因素评审应当基于每家供应商对采购文件评审因素量化指标的响应、符合情况，结合相对应的分值设置标准进行评分，而非基于供应商之间的投标文件比较情况进行评分。综合评分法类似"笔试"，招标文件（含评分办法和标准）是试卷，供应商的投标文件是答卷，分数高低取决于各供应商"答案"与采购人"试卷答案"之间的相符度，而不是各供应商"答案"的比较。

上海市财政局政府采购管理处王周欢说:"横向比较既不是综合评分法规定的做法,同时也违背了综合评分法的原则。"他进一步指出,综合评分法要求明确地给出评审因素、分值和范围,并且因素要量化,分值和因素要一一对应。举个例子,如果评审专家是对不同品牌的产品进行比较后再打分,就违背了综合评分法的要求,因为不存在具体的评审因素和相应的分值。

(二)横向比较带来"物差分高"

在本案例的编审会议中,有专家表示,"横向比较很有可能导致'物差分高'",采用横向比较的方法,评审专家便不能逐一核实产品是否符合采购需求,不利于采购结果的实现,与建立结果导向型政府采购制度的方向相冲突。这也就是为什么本案例的案例要点提示到,采购文件的编制应当有利于绩效评价。

王周欢表示,"采购文件的编制应当有利于绩效评价实际上是对本案例的一个延伸"。他说,《深化政府采购制度改革方案》里明确提到,要建立绩效型的政府采购制度,绩效评价在政府采购中的位置也变得越来越重要,也就是我们通常强调的"政府采购要从过程导向转变为结果导向"。结果导向如何理解,通俗讲就是采购结果获得了怎样的社会、经济效益,是否节约财政资金等,这在以前是常常被忽视的。而社会、经济目标的实现,应从源头出发,在编制采购文件时就要考虑怎样做才能达到采购目标、绩效目标。

(三)错误方法背后的现实原因

既然综合评分法有着明确的使用原则,该案例中的招标文件为什么还会规定采用横向比较这种错误方法?

对此,据有关专家回答,这种错误也有一定的现实原因,如,采购需求(如样品要求、售后服务等)不够细化、明确,导致评审因素无法细化量化,只好采用横向比较方式;采购需求虽然清楚,但评审因素设定没有同采购需求紧密相关,没有细化量化,采用横向比较方便评分;部分特殊采购项目采购需求较难描述、评审因素细化量化难度较大,采购人、采购代理机构采用横向比较方式简单省事;不排除个别采购人、采购代理机构有倾向性,通过采用横向比较方式,可以扩大评分自由裁量权,使意向供应商在评分中处于有利地位。

然而,错了就是错了。陈世龙提醒道,依照《政府采购货物和服务招标投标管理办法》(财政部令第87号)第六十五条规定,评标委员会发现招标文件存在歧义、重大缺陷导致评标工作无法进行,或者招标文件内容违反国家有关强制性规定的,应当停止评标工作,与采购人或者采购代理机构沟通并作书面记录。采购人或者采购代理机构确认后,应当修改招标文件,重新组织采购活动。

(四)如何判断采购标的的改变

本案例着重强调了综合评分法的正确使用,并将横向比较作为

"反面教材"加以讲解。除此之外，还明确了一个问题，即怎样才算是采购标的发生了变化？

采购标的有明确的定义。王周欢指出，采购标的即采购的对象，比如电梯、空调等货物或者其他一些服务，这是很确定的，一般可参考财政部《政府采购品目分类目录》的品目来识别采购标的。

陈世龙说："技术指标、材质等的变更不属于采购标的的变化，它并没有整体上改变采购对象。二者要严格区分，不能泛用。"陈世龙进一步指出，《政府采购货物和服务招标投标管理办法》（财政部令第87号）第十一条规定，"采购需求应当完整、明确，包括以下内容：……（二）采购标的需执行的国家相关标准、行业标准、地方标准或者其他标准、规范；（三）采购标的需满足的质量、安全、技术规格、物理特性等要求……"。本案中，采购对象一直是防吸附气体采样袋，四次更正公告中变更的是采样袋的执行标准、材质、容积、接头、耐温性、安全性能等技术要求，属于采购标的需求内容的修改，没有改变采购标的。比如某单位采购疫情防控物资，采购防护口罩修改成采购护目镜，属于采购标的的改变；原需求医用外科口罩改为N95、KN95口罩，则不属于采购标的的改变。

案例 28

Z 研究所修缮购置实验仪器采购项目举报案

关键词

权利救济　法定途径　质疑投诉　举报

案例要点

政府采购相关法律法规已经为供应商提供了法定的权利救济制度。在认为自身合法权益遭受损害时,供应商应当依循质疑、投诉等法定途径寻求权利救济。供应商选择举报等方式而未在法定期限按法定程序提出质疑、投诉的,财政部门对其没有告知案件处理结果的义务。

案例详情

基本案情

采购人Z研究所委托代理机构X公司就Z研究所修缮购置实验仪器采购项目（以下简称本项目）进行公开招标。2018年7月4日，代理机构X公司发布招标公告。7月20日，举报人提出质疑。7月23日，代理机构X公司发布第一次更正公告。7月31日，代理机构X公司答复质疑。8月22日，代理机构X公司发布第二次更正公告。8月31日，举报人第二次提出质疑。9月6日，本项目开标、评标，并发布第1、3、9、12包废标公告。9月7日，代理机构X公司发布第2、4-8、10、11包中标公告及第二次招标公告，第二次答复质疑。9月18日，举报人第三次提出质疑。9月27日，代理机构X公司第三次答复质疑。9月28日，第1、3、9、12包开标、评标。9月29日，代理机构X公司发布第1、3、9包中标公告及第12包废标公告。

11月15日，财政部收到举报材料。举报人反映：（1）代理机构X公司未在法定期限内答复举报人于7月20日提出的质疑。（2）代理机构X公司9月7日、27日出具的《质疑回复函》存在答非所问等问题。（3）招标文件相关技术参数存在指向性。（4）中标金额与预算金额相接近，采购人Z研究所、代理机构X公司与各供应商涉嫌恶意串通。

财政部依法启动监督检查程序,并向相关当事人调取证据材料。

采购人Z研究所称:(1)有三家以上品牌产品可以满足本项目相关技术参数要求,不存在品牌唯一性和排他性,并提供了相关证明材料。(2)其不存在控标、恶意串通等行为。

代理机构X公司称:(1)其于7月31日书面答复了质疑,并发送至举报人邮箱。(2)其于9月7日、9月27日的质疑回复是根据客观事实回复的。(3)本项目技术参数是经过多次调研、专家论证审核制定的,有三家以上品牌产品可以满足本项目相关技术参数要求,不存在倾向性。(4)其严格按照《中华人民共和国政府采购法》等相关法律法规规定组织采购活动。

各供应商称:因本项目产品成本较高,其按照招标文件要求以低于项目预算的合理报价编制投标文件,投标行为符合法律规定。在整个投标过程中,与采购人Z研究所、代理机构X公司及其他供应商没有任何关联关系,没有任何串通行为。

经查,举报人购买招标文件后未参与投标。本项目共11个包,各包均有三家以上品牌产品满足招标文件实质性要求。未发现各供应商投标文件存在异常一致、相互混装等情形。

处理结果

举报人反映的问题均缺乏事实依据。

处理理由

关于举报人反映的代理机构X公司未在法定期限内答复质疑以及答复内容与事实不符的问题。经审查,代理机构X公司在收到举报人的质疑函后7个工作日内书面答复了质疑,未发现代理机构X公司质疑答复存在违反政府采购相关法律法规的情形。

关于举报人反映的招标文件相关技术参数具有指向性的问题。经调查取证,采购人Z研究所称有三家以上品牌产品满足招标文件的要求,并提供了相关证明材料。同时,评标委员会经评审后认为有不少于三家供应商满足招标文件要求。现有证据不足以证明招标文件相关技术参数具有指向性。

关于举报人反映的中标金额与预算金额相接近,采购人Z研究所、代理机构X公司及各供应商涉嫌恶意串通的问题。经审查,中标金额与预算金额接近不属于法定恶意串通情形,现有证据不足以证明采购人Z研究所、代理机构X公司及各供应商存在恶意串通的情形。

其他应注意事项

潜在供应商只购买采购文件但未参加采购活动的,与采购过程、中标或者成交结果不具有利害关系,不得对采购过程、中标或者成交结果进行质疑投诉。

相关依据

《中华人民共和国政府采购法》第五十二条

第五十二条 供应商认为采购文件、采购过程和中标、成交结果使自己的权益受到损害的,可以在知道或者应知其权益受到损害之日起七个工作日内,以书面形式向采购人提出质疑。

《政府采购质疑和投诉办法》(财政部令第94号)第十条、第十七条

第十条 供应商认为采购文件、采购过程、中标或者成交结果使自己的权益受到损害的,可以在知道或者应知其权益受到损害之日起7个工作日内,以书面形式向采购人、采购代理机构提出质疑。

采购文件可以要求供应商在法定质疑期内一次性提出针对同一采购程序环节的质疑。

第十七条 质疑供应商对采购人、采购代理机构的答复不满意,或者采购人、采购代理机构未在规定时间内作出答复的,可以在答复期满后15个工作日内向本办法第六条规定的财政部门提起投诉。

专家解读[①]

目前，全国政府采购举报案件较多。然而，"条条大路不一定通罗马"，举报并非《中华人民共和国政府采购法》规定的法律救济途径，其在法律依据、处理过程以及维权结果方面同质疑、投诉有着诸多区别，供应商要想维护好自己的合法权益，就要选对救济的途径。

（一）明法理：举报不是法定的救济途径

上海市财政局政府采购管理处王周欢说，"《中华人民共和国政府采购法》规定的救济途径是质疑、投诉、行政复议和行政诉讼"。他指出，当然，供应商可以通过其他方式向财政部门反映相关情况，比如，举报、信访。但其不属于《中华人民共和国政府采购法》规定的救济渠道。

厦门市财政局政府采购监督管理处处长陈世龙说："具体而言，《中华人民共和国政府采购法》第五十二条、第五十五条的规定为质疑、投诉提供了明确的法律依据。"他表示，按照《中华人民共和国政府采购法》的规定，供应商认为采购文件、采购过程和中标、成交结果使自己的权益受到损害的，可以在知道或者应知其权益受到损害之日起7个工作日内，以书面形式向采购人提出质疑。

---

① 《救济途径选对，合法权利可维》，载于《中国政府采购报》2020年2月18日专家采访。

质疑供应商对采购人、采购代理机构的答复不满意或者采购人、采购代理机构未在规定的时间内作出答复的,可以在答复期满后15个工作日内向同级政府采购监督管理部门投诉。

同时,《中华人民共和国政府采购法》第五十八条还明确了,投诉人对政府采购监督管理部门的投诉处理决定不服或者政府采购监督管理部门逾期未作处理的,可以依法申请行政复议或者向人民法院提起行政诉讼。

据了解,举报一般依据的是《信访条例》,供应商对信访处理意见不服的,可以请求原办理行政机关的上一级行政机关复查,对复查机关的上一级行政机关请求复核,通常不能申请行政复议或行政诉讼。

(二)晓规则:质疑投诉有限制条件

主体资格、时限要求……相比举报,质疑、投诉有着更具体的限制条件。

司法部行政执法协调监督局刘茂亮强调,"举报主体可以是与采购活动有利害关系的单位和个人,也可以是不相关的其他单位和个人"。他指出,举报是《中华人民共和国宪法》给予每一位中国公民的权利,其是指公民或者单位依法行使其民主权利,向司法机关或者其他有关国家机关和组织检举、控告违纪、违法或犯罪的行为。举报人身份和举报人时间并无限制。政府采购中的质疑、投诉只能是参与相关采购活动的供应商。供应商放弃质疑和投诉权利，并没有放弃公民的举报权利。

陈世龙指出，质疑和投诉的主体不同。质疑、投诉主体只能是参与政府采购活动并同其参与环节有利害关系的供应商，供应商不能"超前"维权，比如，供应商只是购买了招标文件，则其不能对后续的采购程序或结果进行质疑和投诉。

在本案例中，举报人恰恰就是只购买了招标文件。对此，专家们一致表示，本案中的举报人是无权对采购文件以外的问题进行质疑或投诉的。

此外，《中华人民共和国政府采购法》第五十二条、第五十五条对质疑投诉时限也做了规定。因此专家提醒，供应商选择举报方式而未在法定期限按法定程序提出质疑、投诉的，也就失去了相关的救济权利。

（三）善处理：财政部门应分情况处理

供应商选择的方式不同，财政部门的反馈就有区别。

对于质疑、投诉，《中华人民共和国政府采购法》及其实施条例和《政府采购质疑和投诉办法》（财政部令第94号）已经明确了质疑、投诉的处理程序，比如，采购人应当在收到供应商的书面质疑后7个工作日内作出答复，并以书面形式通知质疑供应商和其他有关供应商；政府采购监督管理部门应当在收到投诉后30个工作日内，对投诉事项作出处理决定，并以书面形式通知投诉人和与投诉事项有关的当事人。

对此，专家表示，财政部门要严格依照《中华人民共和国政府采购法》及其实施条例和《政府采购质疑和投诉办法》（财政部令第94号）等的规定进行审查和处理，投诉处理决定要及时送达投诉人和与投诉事项有关的当事人，并及时将投诉处理结果在规定的政府采购信息发布媒体上公告。

至于举报的处理程序，《中华人民共和国政府采购法》以及相关的法规、部门规章制度对其并没有明确规定。据王周欢介绍，目前，举报的处理一般根据《信访条例》的有关条款，例如，信访事项应当自受理之日起60日内办结；情况复杂的，经本行政机关负责人批准，可以适当延长办理期限，但延长期限不得超过30日，并告知信访人延期理由。法律、行政法规另有规定的，从其规定。

案例 29

X厅信息应用平台采购项目投诉案

关键词

市场主体　潜在供应商　资格条件

案例要点

潜在供应商已依法获取采购文件的，可以对该文件提出质疑，但应当符合《中华人民共和国政府采购法》第二十二条的相关规定。

市场主体明显不具有履行合同所必需的设备和专业技术能力的，不属于潜在供应商。

案例详情

基本案情

采购人X厅委托代理机构R公司就X厅信息应用平台采购项目

（以下简称本项目）进行公开招标。2018年12月5日，代理机构R公司发布招标公告。12月8日，T公司提出质疑。12月14日，代理机构R公司答复质疑。12月21日、12月28日、2019年2月1日，代理机构R公司分三次发布更正公告。2月21日，本项目开标、评标。2月25日，代理机构R公司发布中标公告。

2018年12月19日，T公司向财政部门提起投诉，投诉事项为：招标文件关于技术人员能力保障、企业综合实力等评审因素的评分标准存在以不合理的条件排斥、限制潜在供应商的问题，严重侵害了T公司和其他潜在参与公司的正当权益。

财政部门依法受理本案，并向相关当事人调取证据材料。

经查，本项目采购的服务内容与范围包含软件开发、系统集成建设和安全服务等。

T公司提供的营业执照显示，其经营范围包括印刷技术的研发、纸制品、包装制品的生产、加工、销售等印刷行业相关经营内容。

财政部门向T公司进一步调查取证，要求其提供因本项目招标文件导致其合法权益受到损害的相关证明材料，截至投诉处理决定作出前，T公司未作出书面答复，也未提交任何证明材料。

处理结果

根据《政府采购质疑和投诉办法》（财政部令第94号）第二十九条第（一）项的规定，受理后发现T公司投诉不符合法定受理条件，驳回投诉。

相关当事人在法定期限内未就处理决定申请行政复议、提起行政诉讼。

处理理由

关于投诉事项，根据《中华人民共和国政府采购法》第二十二条第一款规定，参加政府采购活动的供应商应当具备履行合同所必需的设备和专业技术能力等条件。本项目采购内容为农经信息应用平台建设服务，T公司的经营范围不包含本项目所需的应用平台建设及软件开发等内容，根据现有材料也不能证明T公司具备符合本次采购项目所要求的专业技术能力。因此，T公司不符合参加本次采购活动的供应商应当具备的条件，不属于本项目采购活动的利害关系人，无权对招标文件提出质疑，根据《政府采购质疑和投诉办法》（财政部令第94号）第十九条第（一）项的规定，T公司提起的投诉不符合法定受理条件。

其他应注意事项

对不属于国家限制经营、特许经营及法律法规禁止经营的事项，采购人、代理机构不得以营业执照经营范围限制供应商参加政府采购活动。

相关依据

《中华人民共和国政府采购法》第二十二条

第二十二条 供应商参加政府采购活动应当具备下列条件：

（一）具有独立承担民事责任的能力；

（二）具有良好的商业信誉和健全的财务会计制度；

（三）具有履行合同所必需的设备和专业技术能力；

（四）有依法缴纳税收和社会保障资金的良好记录；

（五）参加政府采购活动前3年内，在经营活动中没有重大违法记录；

（六）法律、行政法规规定的其他条件。

采购人可以根据采购项目的特殊要求，规定供应商的特定条件，但不得以不合理的条件对供应商实行差别待遇或者歧视待遇。

《中华人民共和国政府采购法实施条例》第十七条

第十七条 参加政府采购活动的供应商应当具备政府采购法第二十二条第一款规定的条件，提供下列材料：

（一）法人或者其他组织的营业执照等证明文件，自然人的身份证明；

（二）财务状况报告，依法缴纳税收和社会保障资金的相关材料；

（三）具备履行合同所必需的设备和专业技术能力的证明材料；

（四）参加政府采购活动前3年内在经营活动中没有重大违法记录的书面声明；

（五）具备法律、行政法规规定的其他条件的证明材料。

采购项目有特殊要求的，供应商还应当提供其符合特殊要求的证明材料或者情况说明。

《政府采购质疑和投诉办法》（财政部令第94号）第十九条、第二十九条

第十九条　投诉人应当根据本办法第七条第二款规定的信息内容，并按照其规定的方式提起投诉。

投诉人提起投诉应当符合下列条件：

（一）提起投诉前已依法进行质疑；

（二）投诉书内容符合本办法的规定；

（三）在投诉有效期限内提起投诉；

（四）同一投诉事项未经财政部门投诉处理；

（五）财政部规定的其他条件。

第二十九条　投诉处理过程中，有下列情形之一的，财政部门应当驳回投诉：

（一）受理后发现投诉不符合法定受理条件；

（二）投诉事项缺乏事实依据，投诉事项不成立；

（三）投诉人捏造事实或者提供虚假材料；

（四）投诉人以非法手段取得证明材料。证据来源的合法性存在明显疑问，投诉人无法证明其取得方式合法的，视为以非法手段取得证明材料。

专家解读[①]

一家经营印刷业务的公司免费获取某信息应用平台采购项目的招标文件，对采购文件提出质疑并以对质疑答复不满意为由向财政部门提起投诉，认为部分评分标准存在以不合理条件排斥、限制潜在供应商，侵害了它的权益。针对这一案件，有人"义愤填膺"，认为供应商是故意胡闹，并非真心实意来投诉，扰乱了正常的政府采购秩序；也有人百思莫解，发出"难道'无能力'供应商获取了招标文件就不能质疑或投诉了吗"的疑问。

对此，专家表示，应科学界定潜在供应商，正确使用质疑投诉权，同时，财政部门对"虚心假意"来投诉的供应商要合理应对、

[①] 《以科学、严肃、合理的态度对待质疑投诉》，载于《中国政府采购报》2020年2月25日专家采访。

严肃处理。

（一）科学界定潜在供应商

政府采购实践中，我们常常会遇到"潜在供应商"这一概念，《中华人民共和国政府采购法实施条例》第二十条还专门提到，以其他不合理条件限制或者排斥潜在供应商，属于对供应商实行差别待遇或者歧视待遇。然而，相关法律法规并没有给潜在供应商一个明确的界定，业界更多的是约定俗成，理解不一。

据了解，关于潜在供应商的理解，业内存有两种看法。一种观点认为，只要是有意向提供采购标的物、获取了采购文件的供应商就是潜在供应商，不需要具备其他附加条件；另一种观点认为，除了有意向提供采购标的物、获取采购文件外，具备《中华人民共和国政府采购法》第二十二条有关条件的供应商才可算作潜在供应商。

福建省财政厅政府采购监督管理办公室李青更认同第二种观点，她认为，所有的政府采购项目都有自己面向的供应商群体，只是经工商注册、获取采购文件的供应商不能称之为潜在供应商。

李青表示，"举个例子，业主要购买家具，但是一家具备高新技术的IT公司来投标。作为采购人来讲，其要购买的是家具，而非高精尖的IT技术，IT技术再高超也不是采购人所需要的"。

厦门市财政局政府采购监督管理处处长陈世龙也更倾向于上述第二种观点。他指出，政府采购既要维护公平竞争的市场秩序，又要兼顾行政成本。如果市场主体明显不具备《中华人民共和国政府采购法》第二十二条规定的具有履行合同所必需的设备和专业技术能力等条件，其参与政府采购活动将扰乱正常的市场交易秩序、增加采购行政成本，同时也违背了政府采购诚实信用的原则。

（二）严肃使用质疑投诉权

实际上，本书案例26和案例28都提到了供应商使用质疑投诉权的前提，强调应把救济权给予真正需要的人。本案例再次提醒，质疑投诉权不得滥用。

严肃对待质疑投诉，正确使用法律武器，供应商需具备三项条件：

一是有能力满足采购需求。陈世龙表示，本案中，T公司的经营内容与采购标的不同，且无法提供具备履行合同必所需的专业技术能力证明，不属于适格的潜在供应商。

二是供应商系利害关系人。根据《政府采购质疑和投诉办法》（财政部令第94号）第十一条的规定，提出质疑的供应商应当是参与所质疑项目采购活动的供应商。潜在供应商已依法获取其可质疑的采购文件的，可以对该文件提出质疑。对采购文件提出质疑的，应当在获取采购文件或者采购文件公告期限届满之日起7个工作日内提出。可见，参与了政府采购活动的供应商才有资格质疑或投诉。同时，多位专家表示，质疑、投诉主体只能是参与政府采购活动并同其参与环节有利害关系的供应商，供应商不能"跨越式"维权，比如，供应商只是获取了招标文件，则其不能对后续的采购程序或结果进行质疑和投诉。

三是自身权益受损方能维权。《政府采购质疑和投诉办法》（财政部令第94号）第十条明确了，供应商认为采购文件、采购过程、中标或者成交结果使自己的权益受到损害的，可以在知道或者应知其权益受到损害之日起7个工作日内，以书面形式向采购人、采购代理机构提出质疑。采购文件可以要求供应商在法定质疑期内一次性提出针对同一采购程序环节的质疑。国家税务总局集中采购中心处长陈振雷、第三批政府采购行政裁决指导性案例的法律顾问郑梅清都指出，供应商在认为自己权益受损时才能提起质疑或投诉。

李青表示，"在本案例中，T公司与本次采购活动不具有利害关系，自身权益并无受损情况，因此无权对采购文件、采购过程、采购结果提出质疑投诉。另外，T公司如果是为其他潜在供应商维权，从他们同是竞争者的角度考虑，这样的维权也缺乏合理性"。

此外，李青强调，任何政策都有自己面向的施策群体，同理，政府采购救济制度也只是面向在政府采购活动中权益受到损害的供应商群体,权益未受损害或是利用救济制度达到其他目的的行为,均不在政府采购救济政策的保护范畴。

(三)合理应对广泛维权者

在判断本案中T公司是否具备潜在供应商条件或能否提起质疑投诉时,财政部门除了查看T公司的营业执照以外,还多次发函问询,以了解其是否有合同的履约能力。

李青表示,"像信息应用平台这类项目,一般包含软件开发、系统集成和安全服务,需要企业具备一定的技术资源和专业人才。它不是一般的货物类项目,如果企业当时没有货,还可以去别的企业进货以解燃眉之急。因此对于信息应用类技术含量高的项目,我们一般会多方面认真考量,看其是否有能力履约"。

陈世龙提醒道,"对于本案例,财政部门并非仅以T公司的经营范围不包括本项目采购内容为由驳回投诉,更重要的是通过调查取证认定其不具备本次采购项目所要求的专业技术能力,不属于本项目采购活动的利害关系人才予以驳回的"。他指出,实践中要注意把握:一是属于国家限制经营、特许经营的项目,供应商必须遵守相关规定,没有获得经营许可不得参与相关项目政府采购活动;二是不属于国家限制经营、特许经营及法律法规禁止经营的项目,供应商可以开展经营活动,参加政府采购活动应当符合《中华人民共和国政府采购法》第二十二条规定的相应条件;三是采购人、采购代理机构、财政部门在处理质疑投诉时,不能仅以供应商经营范围与采购项目内容不符为由认定其不具备履行合同能力,还需结合其他证据(履行合同所需设备设施、人员配备、实施方案等)来综合判断,以免排斥扩大经营范围或准备改变经营方向的潜在供应商。

案例 30

S医院手术室数字化管理系统采购项目举报案

关键词

进口机电产品　适用法律错误

案例要点

国内供应商、代理商、经销商能够提供的进口机电产品，采购方式和采购程序应当按照《中华人民共和国政府采购法》及其相关规定执行。

案例详情

基本案情

采购人S医院委托代理机构L公司就S医院手术室数字化管理系

统采购项目（以下简称本项目）进行国际招标。2018年10月29日，代理机构L公司发布第一次招标公告。11月6日，代理机构L公司发布第二次招标公告。11月30日，本项目开标、评标。

11月27日，财政部收到举报材料。举报人反映：本项目为政府采购货物和服务，资金性质为财政性资金。采购人S医院、代理机构L公司规避政府采购程序，在中国国际招标网发布招标公告。《机电产品国际招标投标实施办法（试行）》（商务部令2014年第1号）上位法为《中华人民共和国招标投标法》，不属于政府采购法律体系，本项目适用法律错误。

财政部依法启动监督检查程序，并向相关当事人调取证据材料。

采购人S医院、代理机构L公司称：（1）本项目采购标的包含腹腔镜系统，属于《机电产品国际招标投标实施办法（试行）》（商务部令2014年第1号）规定的机电产品，应采用国际招标方式进行采购。（2）其于12月6日收到调证通知后，至今未发布中标结果公示，也未发出中标通知书，未签订政府采购合同。

经查，招标文件第六章投标资料表显示，本表关于要采购货物的具体资料是对2014年版机电产品国际招标标准招标文件（第一册）投标人须知相应条款的具体补充和修改。本项目招标采购的货物为包1，手术室数字化显示传输系统及高清腹腔镜系统；包2，高清腹腔镜系统及超高清腹腔镜系统，资金性质为财政资金，预算金额为2800万元人民币。合法来源国/地区为除非另有规定,凡是来自中华人民共和国或是与中华人民共和国有正常贸易往来的国家或地区的法人或其他组织均可投标。投标语言为中文。同时有中文、英文时,如有冲突以中文为准。评标方法为综合评价法。

《评标报告》显示,包1共有7家潜在投标人购买招标文件,包2共有6家潜在投标人购买招标文件,均为国内企业。

本项目从中国国际招标网抽取评标专家4人。

中国国际招标网显示,代理机构L公司于2018年10月29日发布首次招标公告,11月6日发布重新招标公告,12月3日发布评标结果公示,显示T公司为包1中标候选人、M公司为包2中标候选人,公示开始时间为2018年12月3日18点56分,评标公示截止时间为2018年12月6日23点59分。未查询到中标结果公示信息。

处理结果

根据《中华人民共和国政府采购法》第三十六条第一款第(二)项的规定,责令采购人S医院废标。

根据《中华人民共和国政府采购法》第七十一条和《中华人民共和国政府采购法实施条例》第六十八条第(一)项的规定,责令采购人S医院、代理机构L公司限期改正,并分别给予警告的行政处罚。

本项目包1中标候选人T公司不服处理决定提起行政诉讼。法院认为T公司不是中标供应商，不具备针对处理决定提起诉讼的原告主体资格。T公司提起的诉讼不符合法定起诉条件，裁定驳回起诉。

处理理由

关于举报人反映本项目适用法律错误的问题。经审查，本项目是事业单位使用财政性资金向国内代理商购买货物，属于政府采购项目。根据《中华人民共和国政府采购法》第二条的规定，采购方式和采购程序均应按照《中华人民共和国政府采购法》及其相关规定执行。本项目未按照上述规定执行，违反了《中华人民共和国政府采购法》第二条和第六十四条第一款的规定。

其他应注意事项

因采购人、代理机构适用法律和采购程序错误给供应商造成损失的，供应商可以向采购人、代理机构提起民事诉讼。

相关依据

《中华人民共和国政府采购法》第二条、第十三条、第三十六条、第六十四条、第七十一条

第二条　在中华人民共和国境内进行的政府采购适用本法。

本法所称政府采购，是指各级国家机关、事业单位和团体组织，使用财政性资金采购依法制定的集中采购目录以内的或者采购限额标准以上的货物、工程和服务的行为。

政府集中采购目录和采购限额标准依照本法规定的权限制定。

本法所称采购，是指以合同方式有偿取得货物、工程和服务的行为，包括购买、租赁、委托、雇用等。

本法所称货物，是指各种形态和种类的物品，包括原材料、燃料、设备、产品等。

本法所称工程，是指建设工程，包括建筑物和构筑物的新建、改建、扩建、装修、拆除、修缮等。

本法所称服务，是指除货物和工程以外的其他政府采购对象。

第十三条　各级人民政府财政部门是负责政府采购监督管理的部门，依法履行对政府采购活动的监督管理职责。

各级人民政府其他有关部门依法履行与政府采购活动有关的监督管理职责。

第三十六条　在招标采购中，出现下列情形之一的，应予废标：

（一）符合专业条件的供应商或者对招标文件作实质响应的供应商不足三家的；

（二）出现影响采购公正的违法、违规行为的；

（三）投标人的报价均超过了采购预算，采购人不能支付的；

（四）因重大变故，采购任务取消的。

废标后,采购人应当将废标理由通知所有投标人。

第六十四条 采购人必须按照本法规定的采购方式和采购程序进行采购。

任何单位和个人不得违反本法规定,要求采购人或者采购工作人员向其指定的供应商进行采购。

第七十一条 采购人、采购代理机构有下列情形之一的,责令限期改正,给予警告,可以并处罚款,对直接负责的主管人员和其他直接责任人员,由其行政主管部门或者有关机关给予处分,并予通报:

(一)应当采用公开招标方式而擅自采用其他方式采购的;

(二)擅自提高采购标准的;

(三)以不合理的条件对供应商实行差别待遇或者歧视待遇的;

(四)在招标采购过程中与投标人进行协商谈判的;

(五)中标、成交通知书发出后不与中标、成交供应商签订采购合同的;

(六)拒绝有关部门依法实施监督检查的。

《中华人民共和国政府采购法实施条例》第七条、第六十八条、第七十六条

第七条 政府采购实行集中采购和分散采购相结合。集中采购的范围由省级以上人民政府公布的集中采购目录确定。

属于中央预算的政府采购项目，其集中采购目录由国务院确定并公布；属于地方预算的政府采购项目，其集中采购目录由省、自治区、直辖市人民政府或者其授权的机构确定并公布。

纳入集中采购目录的政府采购项目，应当实行集中采购。

第六十八条　采购人、采购代理机构有下列情形之一的，依照政府采购法第七十一条、第七十八条的规定追究法律责任：

（一）未依照政府采购法和本条例规定的方式实施采购；

（二）未依法在指定的媒体上发布政府采购项目信息；

（三）未按照规定执行政府采购政策；

（四）违反本条例第十五条的规定导致无法组织对供应商履约情况进行验收或者国家财产遭受损失；

（五）未依法从政府采购评审专家库中抽取评审专家；

（六）非法干预采购评审活动；

（七）采用综合评分法时评审标准中的分值设置未与评审因素的量化指标相对应；

（八）对供应商的询问、质疑逾期未作处理；

（九）通过对样品进行检测、对供应商进行考察等方式改变评审结果；

（十）未按照规定组织对供应商履约情况进行验收。

第七十六条　政府采购当事人违反政府采购法和本条例规定，

给他人造成损失的，依法承担民事责任。

《政府采购货物和服务招标投标管理办法》（财政部令第87号）第八十三条

第八十三条　政府采购货物服务电子招标投标、政府采购货物中的进口机电产品招标投标有关特殊事宜，由财政部另行规定。

专家解读[①]

实践中，有人以为，机电产品加上"进口"两字就可以不受政府采购相关规定的约束；还有人认为，只要经过招标过程就万事大吉。实际上，这都是不懂法、乱用法的表现。"该案例意在为今后采购进口机电产品的法律适用、程序以及监管指明方向。"专家们一致表示。

（一）追根溯源，法律适用有逻辑

向国内代理商采购进口机电产品应适用《中华人民共和国政府采购法》。一方面，是基于政府采购相关法律、行政法规、部门规章的内在逻辑。青岛市财政局政府采购监督管理处朱士龙表示，《中华人民共和国政府采购法》对采购进口产品（包括进口机电产

---

① 《为进口机电产品采购明方向》，载于《中国政府采购报》2020年3月3日专家采访。

品)未明确例外情形,只要符合其第十条规定的除外情形,并经财政部门审核后,就可以采购进口货物,同时不排斥国内同等质量性能的国货。因此,采购进口产品属于《中华人民共和国政府采购法》规范的范畴。

《中华人民共和国政府采购法实施条例》第七条规定,政府采购工程以及与工程建设有关的货物、服务,采用招标方式采购的,适用《中华人民共和国招标投标法》及其实施条例,采用其他方式采购的,适用《中华人民共和国政府采购法》及本条例。这是对政府采购工程采用招标方式采购的法律适用所提的要求,并非常明确地指出,与工程建设有关的货物是指构成工程不可分割的组成部分,且为实现工程基本功能所必需的设备、材料等,这类货物才适用《中华人民共和国招标投标法》及其实施条例,其他货物仍适用《中华人民共和国政府采购法》及其实施条例。

《政府采购货物和服务招标投标管理办法》(财政部令第87号)第八十三条规定,政府采购货物服务电子招标投标、政府采购货物中的进口机电产品招标投标有关特殊事宜,由财政部另行规定。朱士龙表示,这也充分说明,进口产品(包括进口机电产品)属于各级财政部门依法监管的范围。

另一方面,则可以从立法沿革的角度洞见判定依据。中国政法大学教授成协中介绍道,在《中华人民共和国政府采购法》制定之前,对于机电产品国际招标,最早是由国家外经贸部门(后为商务部)依据《中华人民共和国招标投标法》及其相关规定进行管理。自2003年《中华人民共和国政府采购法》实施后,政府采购的范围被明确,但未对机电产品做出特别规定。在实践中,还是延续先前的管理格局,由外经贸部门依据《中华人民共和国招标投标法》及其相关规定进行管理。

2004年,《政府采购货物和服务招标投标管理办法》(财政部令第18号)第八十六条规定,政府采购货物中的进口机电产品进行招标投标的,按照国家有关办法执行。同年商务部制定《机电产品国际招标投标实施办法》(商务部令2004年第13号,有效期为2004年11月1日至2014年3月31日),对进口机电产品的国际招标投标做出系统规范。2007年,财政部制定《政府采购进口产品管理办法》(财库〔2007〕119号),其第二十五条规定,涉及进口机电产品招标投标的,应当按照国际招标有关办法执行。成协中补充道,"这实际上承认了进口机电产品由商务部门按照《中华人民共和国招标投标法》及其相关规定进行管理的法律适用现状。鉴于机电产品本身不属于《中华人民共和国招标投标法》所规范的工程建设项目和与工程相关的货物、服务,《中华人民共和国招标投标法》本身亦未将机电产品纳入监管范围,《机电产品国际招标投标实施办法》(商务部令2004年第13号)的法律依据实际上是《中华人民共和国政府采购法》及《政府采购货物和服务招标投标管理办法》(财政部令第18号)之规定"。

到了2014年,商务部废止原《机电产品国际招标投标实施办法》(商务部令2004年第13号),发布《机电产品国际招标投标实施办法(试行)》(商务部令2014年第1号)。同年《中华人民共和国政府采购法实施条例》对于《中华人民共和国政府采购法》的适用范围做了进一步明确,尤其是政府采购工程方面。很显然,机电产品的采购难以继续纳入《中华人民共和国招标投标法》及其实施条例的适用范围。在此背景下,财政部对《政府采购货物和服务招标投标管理办法》(财政部令第18号)进行了修订,修订后的《政府采购货物和服务招标投标管理办法》(财政部令第87号)第八十三条规定,政府采购货物服务电子招标投标、政府采购货物中的进口机电产品招标投标有关特殊事宜,由财政部另行规定。此项规定的实际意义在于,对于进口机电产品的招投标,不再适用商务部《机电产品国际招标投标实施办法(试行)》(商务部令2014年第1号),而应当适用《中华人民共和国政府采购法》及其实施条例。

成协中表示,"尽管从形式上和法律角度来看,《机电产品国际招标投标实施办法(试行)》(商务部令2014年第1号)仍然有效,但从实质上看,该试行办法的合法性基础已经不复存在。在《中华人民共和国政府采购法实施条例》已经对工程建设项目作出限定的情况下,《政府采购货物和服务招标投标管理办法》(财政部令第87号)改变了属于货物类别的进口机电产品的法律适用,将进口机电产品的采购纳入《中华人民共和国政府采购法》及其实施条例的适用范围,意图和内容均十分明确"。

对此,专家们认为,在2014年《中华人民共和国政府采购法实施条例》出台之后,机电产品招标的法律适用,应当由财政部作出专门规定,不应再延续先前适用《中华人民共和国招标投标法》及其相关规定的格局。

(二)明辨是非,进口采购有章法

根据《中华人民共和国政府采购法》的有关规定,政府采购切忌"崇洋媚外"。对此,成协中表示,是否采购进口产品,这主要取决于采购需求和市场选择。若采购标的在国内市场就能买到,但预算单位却在国际范围内采购,则与政府采购制度建立的初衷背道而驰,不利于国内市场企业良性发展。具体到本案,所有参加政府采购活动的供应商均为国内供应商,采购行为亦发生在国内,按照政府采购程序完全能够实现采购目的,并无进行国际招标的现实需要。

同时,朱士龙建议,在处理类似的案例时,财政部门应"约法三章":一是已废止的规章规定应当不再执行,《政府采购货物和服务招标投标管理办法》(财政部令第18号)已于2017年10月1日废止,其第八十六条规定的"政府采购货物中的进口机电产品进行招标投标的，按照国家有关办法执行。"已经不再执行，应当按照《政府采购货物和服务招标投标管理办法》（财政部令第87号）第八十三条规定的"政府采购货物服务电子招标投标、政府采购货物中的进口机电产品招标投标有关特殊事宜，由财政部另行规定"实施。但在实际工作中，还有相当多的采购人、代理机构在政府采购活动中，对于进口产品的采购，仍然按照《机电产品国际招标投标实施办法（试行）》（商务部令2014年第1号）的规定采用国际招标方式，这应当及时纠正。二是正确理解和把握《政府采购进口产品管理办法》（财库〔2007〕119号）相关规定，尤其是第二十五条规定，"采购人采购进口产品的，应当同时遵循国家其他有关法律法规的规定。涉及进口机电产品招标投标的，应当按照国际招标有关办法执行"，简单说，《政府采购货物和服务招标投标管理办法》（财政部令第87号）第八十三条已经明确规定了机电产品招投标有关事宜由财政部来另行规定，所以该项采购也就不适用《机电产品国际招标投标实施办法（试行）》（商务部令2014年第1号）了。三是各级财政部门应当加强对采购进口产品（包括进口机电产品）依法监督管理的工作力度，避免这种规避政府采购违法行为的发生。

（三）晓之以理，行政诉讼有前提

根据本案的处理结果，由于采购方式和程序法律适用错误，原采购项目废标，这不免让中标候选人感到委屈。

据了解，本案曾经引发了行政诉讼，中标候选人T公司针对财政部门的处理决定提起了行政诉讼，但法院以T公司不是中标供应商为由并未认可中标候选人的原告资格，认为其不符合法定起诉条件，驳回了中标候选人提起的行政诉讼。

成协中指出，"尽管该案例并未将行政诉讼的起诉资格作为案例要点列出，但这一点对于今后类似案件的处理也具有非常重要的意义"。

成协中表示，"但如果是中标供应商，因法律适用错误导致项目废标，其参与项目采购付出的收益无法得到维护，若中标供应商认为自己权益受损，其可以向过错方即采购人或代理机构来提起民事诉讼。《政府采购货物和服务招标投标管理办法》（财政部令第87号）第八十条有类似规定"。成协中进一步指出，这是因为，采购过程的法律适用问题主要是由采购人和代理机构决定的，供应商一般只是遵照相关要求来参与采购活动。

此外，朱士龙提醒，在实际工作中，采购人、代理机构往往认为凡是经过招标采购过程并产生了结果，就安全了，严重点说，采购人、代理机构在赌供应商不敢起诉、监管部门不敢处理处罚，存在侥幸心理，这种思想要不得，做法也不可取。同时要注意，采购项目适用法律错误的，除中标（成交）供应商与处理结果有利害关系外，其他供应商不具备针对此项处理决定提起诉讼的原告主体资格。

案例 31

S 局智能安检系统采购项目投诉案

关键词

电子化采购　投标保证金

案例要点

采用电子化形式进行政府采购的,供应商应当按相关要求参加政府采购活动。

案例详情

基本案情

采购人 S 局委托代理机构 P 公司就 S 局智能安检系统采购项目（以下简称本项目）进行公开招标。2019年2月27日,代理机构 P

公司发布招标公告。3月29日，本项目开标、评标。4月10日，供应商M公司提出质疑。4月23日，代理机构P公司发布中标公告。代理机构P公司未答复质疑。

5月7日，供应商M公司向财政部门提起投诉。投诉事项为：供应商M公司按招标文件要求通过银行转账方式提交了投标保证金，但招标文件未写明供应商还应在招投标系统中操作保证金电子确认，导致供应商M公司未完成网上保证金的录入，未能参加开标。本项目招标程序违法，请求重新招标。

财政部门依法受理本案，并向相关当事人调取证据材料。

采购人S局称：投诉事项针对招标程序，由代理机构P公司进行答复。

代理机构P公司称：（1）投标保证金作为投标文件的组成部分，应在S市政府采购网招投标平台一同录入和上传，这是供应商的投标工作常识。（2）招标文件规定了网上报名、网上投标等要求，且代理机构P公司在供应商M公司现场购买纸质招标文件时已提醒其本项目为电子采购项目。（3）代理机构P公司工作人员于开标当天上午再次提醒供应商M公司完成电子投标事宜，已尽告知义务。

经查，招标文件显示，投标截止日期为2019年3月29日14点，开标时间为2019年3月29日14点；开标地点为××路××号，届时请投标人代表持投标时所使用的数字证书（CA证书）参加开标；

各投标单位在操作线上项目时，碰到任何问题可及时联系S市政府采购网，并附上了网站电话。

S市政府采购网首页在线服务栏目供应商板块显示，下载一栏包含供应商网上投标操作视频、供应商网上投标操作手册。其中，网上投标操作手册中保证金的缴纳显示，在代理机构将项目设定为需要缴纳保证金的项目时，供应商需要对投标项目进行缴纳保证金，若是开标时间过后未缴纳则系统认为其投标无效，并附有具体的操作方法与操作界面截屏。供应商登录S市政府采购网系统后，在投标保证金模块有缴纳保证金操作选项。

供应商M公司提供的缴纳投标保证金的银行电子回单显示，收款人为P公司，用途及备注为S局智能安检系统采购项目，日期为2019年3月27日。

代理机构P公司提供的供应商M公司投标保证金的银行电子回单显示，日期为3月27日。代理机构P公司已于2019年4月4日退还供应商M公司投标保证金。

处理结果

根据《政府采购质疑和投诉办法》（财政部令第94号）第二十九条第（二）项的规定，投诉事项缺乏事实依据，驳回投诉。对代理机构P公司未答复质疑的问题另行处理。

相关当事人在法定期限内未就处理决定申请行政复议、提起行政诉讼。

处理理由

关于投诉事项，本项目招标公告已写明网上报名、网上开标等电子招投标事项，招标文件也明确规定，各投标人代表持投标时所使用的数字证书（CA证书）参加开标，相关供应商应当知晓本项目为电子投标。S市政府采购网提供了网上投标操作辅导手册与电话咨询服务，供应商在完成项目网上报名后，也可在相关页面看到项目阶段导航图与投标保证金操作模块。本项目供应商M公司因未充分了解电子投标操作步骤，导致未完成S市政府采购网招投标平台缴纳保证金确认环节，应自行承担无法参与本项目开标的后果。

其他注意事项

（1）投标保证金对维护政府采购良好秩序，优化营商环境，防止供应商恶意串通，随意弃标等具有重要意义。

（2）电子化采购应依法优化、简化采购流程。

相关依据

《政府采购质疑和投诉办法》（财政部令第94号）第二十九条

第二十九条　投诉处理过程中，有下列情形之一的，财政部门应当驳回投诉：

（一）受理后发现投诉不符合法定受理条件；

（二）投诉事项缺乏事实依据，投诉事项不成立；

（三）投诉人捏造事实或者提供虚假材料；

（四）投诉人以非法手段取得证明材料。证据来源的合法性存在明显疑问，投诉人无法证明其取得方式合法的，视为以非法手段取得证明材料。

专家解读[①]

随着互联网技术的蓬勃发展，电子化采购应运而生，这也提醒前来投标的供应商，要顺应信息化要求，转换固有思维。在本案例中，参与项目采购的供应商M公司正是因为未充分了解电子投标的操作步骤，才贻误了投标保证金缴纳确认的时机，结果与项目无缘。

对此，专家们表示，本项目紧紧围绕当前优化营商环境这一热点问题，以电子化采购、投标保证金为切入点，进一步规范了电子化采购、投标保证金管理，优化和简化了采购流程。

---

① 《懂电子化采购之操作，晓投标保证金之要义》，载于《中国政府采购报》2020年3月10日专家采访。

（一）电子化采购应当依法优化流程

对于电子化采购这一新事物，法律法规不能缺席。《中华人民共和国政府采购法实施条例》第十条规定，国家实行统一的政府采购电子交易平台建设标准，推动利用信息网络进行电子化政府采购活动。同时在第四十六条还规定，《中华人民共和国政府采购法》第四十二条规定的采购文件，可以用电子档案方式保存。青岛市财政局政府采购监督管理处朱士龙表示，这为推动形成电子化采购、构建全国统一的开放型政府采购市场提供了法律基础。

同时，中国政法大学教授成协中指出，电子化采购涉及电子商务、电子签章等方面问题，还应当按照《中华人民共和国电子商务法》《中华人民共和国电子签名法》等法律法规的规定执行。

电子化采购既是应时代而生，又有法律可依，政府采购各方当事人当顺势而为。据了解，近年来，各地、各部门都建设了电子化政府采购平台，然而一些难、痛、堵的突出问题也随之而来。

据专家介绍，各地的电子化采购平台在建设和运行方面，形式不一，各有侧重，缺乏统一的格局，数据的互联互通还不太顺畅，全局性大数据收集和分析也因此难以形成。从实际应用上看，相同省市有不同的电子化采购平台，如财政系统的、公共资源交易中心的，且同一环节的具体要求也有差别，采购代理机构有时疲于在不同系统中周旋徘徊；供应商亦有苦言，每到一地就要适应不同的平台操作，而且，各种CA证书的购买也无形中增加了他们的投标成本。这些问题的存在，不利于促进政府采购公平竞争、优化营商环境，不利于提高政府采购效率、提高监督管理效能，甚至有可能因平台的缺陷而招致多起投诉，浪费行政资源。

就此，朱士龙建议，在目前尚未出台统一的电子化采购平台建设标准的情况下，政府采购电子化建设，一方面，应当遵循政府采购方面的法律法规以及《中华人民共和国电子商务法》《中华人民共和国电子签名法》，按照法定的方式、程序等设计采购流程，坚持"法定采购方式依法合规，法定环节不能少，非法定程序不能加"原则，尽量优化和缩短流程，提高采购效率。另一方面，电子化采购平台应当是开放型的，可推动运用区块链技术，搭建程序规范、流程简洁、操作方便、数据可溯源、内容防篡改、信息全公开的新型电子化采购平台，同时促进诚信体系建设。

朱士龙进一步指出，"结合本案例，政府采购各方当事人都要重视电子化采购的应用"。他认为，供应商在参加电子化采购活动时要注意读懂弄通电子化采购的相关要求，按要求参加该项目的采购活动；认真阅读并严格按照使用手册规范操作网上流程，按照具体的操作步骤、采购环节逐项实施，尤其注意关键节点（包括时限）的规定；要及时关注系统运行及反馈情况，尤其是材料提交环节，要确认在规定的时间提交了相应材料。对电子化采购平台的管理者来说，应当及时倾听使用者的意见建议，及时优化和简化流程，不得变相增加或者篡改采购方式，不得擅自增加或者减少采购程序，不得擅自在系统内设置关卡；要尽快提高系统的稳定性、便利性；要制定相应网络安全事件、系统故障等应急预案，以备事件发生时，采取相应的补救措施，确保采购活动的正常进行。

（二）理性看待投标保证金

电子化采购是本案例的关键点，投标保证金亦是本案的关注点。很多地方为顺应优化营商环境的要求，减轻企业投标的负担，都不同程度地取消了投标保证金。专家们提醒，取消投标保证金的做法是一把"双刃剑"，要理性看待，不能搞"一刀切"。

收取投标保证金有积极的现实意义。成协中表示，投标保证金对于维护政府采购秩序，提升供应商投标的审慎性，防止供应商恶意串通、随意撤销、撤回投标，具有一定的正面作用。《政府采购货物和服务招标投标管理办法》（财政部令第87号）第二十三条规定，投标有效期内投标人撤销投标文件的，采购人或者采购代理机构可以不退还投标保证金。根据《政府采购货物和服务招标投标管理办法》（财政部令第87号）第三十七条之规定，不同投标人的投标保证金从同一单位或者个人账户中转出的，也被视为投标人串通的法定情形之一。

事实上，投标保证金不是我国的独创。缴纳投标保证金是国际通用的商业规则。据专家介绍，世界银行《采购指南》就规定招标文件要求一定金额的保证金，该保证金应当按照招标人在招标文件中的规定，以适当的格式和金额采用履约担保书或者银行保函形式提供。

业内很多人士这样认为，"不言而喻，《中华人民共和国政府采购法》实施以来，收取、退还、没收投标保证金在规范和促进政府采购各方当事人讲诚实、守信用方面具有十分重要的意义。投标保证金最重要的作用是对不诚信供应商的惩戒，并以其缴纳的投标保证金抵偿或者弥补采购人所遭受的损失。在政府采购活动中是否收取投标保证金，这是采购人的权利。收取投标保证金的目的在于确保政府采购活动的顺利开展，如期实现采购人的公共采购目的，提高财政资金的使用效率"。

取消投标保证金的做法也有一定积极作用。成协中指出，有些地方取消了投标保证金，这对于增强政府采购的竞争性、优化营商环境也有一定的意义。一方面，投标保证金的防范功能在实践中有时难以得到有效发挥，由于其所占份额较小，通过没收投标保证金的方式来对供应商进行制裁意义欠佳；通过投标保证金来识别供应商是否恶意串通，在实践中也不易做到。另一方面，投标保证金可能对部分中小企业参与政府采购构成不当限制，在此背景下，不少地方取消投标保证金的行为是可以理解的。

朱士龙认为，收不收取投标保证金是采购人的权利。营商环境不一定因取消投标保证金而得到优化，应当按照财政部《关于促进政府采购公平竞争优化营商环境的通知》（财库〔2019〕38号）对投标保证金的收取和退还要求进行规范，赋予采购人应有的权利，监督采购人按照约定及时、足额退还已缴纳的投标保证金，给予供应商自主选择缴纳投标保证金的形式，减少供应商现金的占用，减轻供应商的负担。

案例 32

X 局监管系统项目投诉案

关键词

联合体形式　重大违法记录

案例要点

联合体一方在参加政府采购活动前三年内存在重大违法记录的，该联合体不符合《中华人民共和国政府采购法》第二十二条规定的条件。

案例详情

基本案情

采购人X局委托代理机构G公司就X局监管系统项目（以下简

称本项目）进行公开招标。2019年4月4日，代理机构G公司发布招标公告，此后组织了开标、评标工作，评标委员会推荐Y公司、M公司、R公司组成的联合体（以下简称联合体B）为第一中标候选人。5月5日，代理机构G公司发布中标公告，显示中标供应商为Y公司。5月6日，供应商F公司提出质疑。5月16日，代理机构G公司答复质疑。

5月31日，F公司向财政部门提起投诉。投诉事项为：（1）代理机构G公司在开标时，只唱了Y公司报价，未唱出联合体B所有成员报价，中标公告未体现联合体B中标，也未发布补充公告说明是联合体B中标，违反了《政府采购信息公告管理办法》（财政部令第19号）第十二条的规定，联合体B中标无效。（2）联合体B在1~12、2~5等15项技术评分项中不应得分。（3）Y公司在本项目中没有承担相关工作，没有资格成为联合体B的牵头方，应取消联合体B的中标资格。（4）联合体B的成员M公司于2016年8月11日因不文明施工被F市城乡建设局处以10万元罚款及停工整治，不符合《中华人民共和国政府采购法》第二十二条的规定，联合体B不是合格供应商，应认定投标无效。（5）Y公司所投产品没有在线监测仪技术参数要求对应的专利证书，涉嫌虚假响应。

财政部门依法受理本案，并向相关当事人调取证据材料。

采购人X局、代理机构G公司称：（1）因受F省政府采购网上公开信息系统限制，未能在开标、中标公告环节体现联合体B的信息。根据招标文件有关规定，投标人为联合体的，应由联合体的牵头方完成F省政府采购网上公开信息系统的具体操作流程，因此系统自动生成的中标公告上只体现联合体B牵头方Y公司的信息。代理机构G公司在收到F公司质疑后，已书面告知其联合体B各方成员的信息。（2）评标委员会经评审，联合体B在部分技术评分项中未得分，相关材料由联合体B的成员R公司提供。（3）投诉人的诉求缺乏法律依据。（4）采购人X局已向F市城乡建设局去函核实M公司的行政处罚情况，未收到函复，其他诉求缺乏法律依据。（5）招标文件的技术要求仅对是否具备恶臭气体混合器技术和肺式采样器技术的能力进行评价，并未要求以专利证书作为佐证材料。根据评审结果，评标委员会认为联合体B具备相应技术能力。

联合体B称：（1）信息公告内容与联合体B无关，其在投标文件中已提供联合体协议，协议中明确说明了Y公司为联合体牵头方及各成员名称。（2）其在投标文件中提供了相应材料，评分结果无法知晓。联合体协议已有明确分工，M公司承担设备安装指导、全套系统联调技术支持等工作，Y公司具备多年环境监测和信息系统集成服务经验，为保证项目设备安装质量，与M公司组成联合体共同参与投标合理合法。在联合体协议中牵头方、成员方各司其职，并不存在将本项目的非主体、非关键性安装调试工作分包的行为。

（3）各方基于自愿互惠的原则形成联合体参与投标，F公司认为Y公司无资格成为牵头方的说法不合理也无依据。（4）M公司曾因在F市承建的工程项目中违规施工，被F市城乡建设局处以10万元罚款，但上述行为不属于重大违法行为。（5）招标文件要求提供相关证明材料，但未要求提供相应专利证书。Y公司在投标文件中提供了相关证明材料，F公司关于上述两项内容需要提供专利证书与招标文件要求相违背。

经查，F省政府采购网上公开信息系统尚未完善，如果是联合体参与投标、中标的，开标信息及中标公告中仅能显示联合体牵头方一家单位名称，无法显示联合体各方完整信息。

招标文件中商务部分显示，采用专业的恶臭气体混合器技术，确保进气样品稳定（提供相关证明材料）；具备肺式采样器技术，可扩展超标留样功能（提供相关证明材料）。

评审报告中技术部分显示，技术商务评分条款响应情况表中评标项目1~13、1~14、1~15、1~16、1~22、1~23、1~24、2~3、2~5得分情况为满分，评标项目1~12、1~17、1~18、1~19、1~20、1~21、2~1、2~2、2~4未得满分。

联合体协议显示，Y公司提供招标合同包一中硬件建设内容、硬件建设内容的安装调试、整体系统软硬件联调及质保期的运维服务，并确保项目验收合格；R公司提供招标合同包一中软件建设内容、软件建设内容的安装调试、系统软硬件联调、软件平台保质期的运维服务，并确保项目验收合格；M公司提供招标合同包一中设备安装指导、全套系统联调技术支持、运维服务技术支持。

F市城乡建设局关于M公司重大违法行为核实情况的复函显示，M公司于2016年8月11日被我局处十万元的行政处罚。

处理结果

根据《政府采购质疑和投诉办法》（财政部令第94号）第二十九条第（二）项的规定，投诉事项（2）、（3）、（5）缺乏事实依据。

根据《政府采购质疑和投诉办法》第三十二条第一款的规定，投诉事项（1）成立，未直接影响采购结果；投诉事项（4）成立，影响采购结果。鉴于本项目尚未签订政府采购合同，认定中标结果无效，由采购人X局依法另行确定中标供应商。

联合体B不服处理决定申请行政复议。复议机关认为处理决定认定事实清楚、适用法律正确，予以维持。

处理理由

关于投诉事项（1），F省政府采购网上公开信息系统尚未完善，无法显示联合体B各方完整信息。中标供应商信息是中标公告的关键信息，代理机构G公司未依法及时采用发布更正公告的形式公布中标供应商联合体B的相关信息，虽不直接影响中标结果，但影响政府采购当事人对中标结果的判断和质疑权利的行使，责令代理机构G公司限期整改。

关于投诉事项（2），评标委员会经评审，联合体B部分技术商务指标未得分，部分技术商务指标得分。

关于投诉事项（3），联合体协议中明确规定Y公司承担提供硬件建设内容、硬件建设内容的安装调试等工作，其作为联合体B牵头方未违反相关法律规定。

关于投诉事项（4），经向F市城乡建设局核实，M公司于2016年8月11日被处以10万元罚款，属于建设行政处罚中的较大数额罚款。根据《中华人民共和国政府采购法实施条例》第十九条第一款的规定，属于重大违法记录。联合体以一个供应商的身份共同参加政府采购，根据《中华人民共和国政府采购法》第二十四条第二款的规定，联合体B不具备参加政府采购活动的条件。

关于投诉事项（5），招标文件并未要求提供相关专利证书，联合体B投标文件中已按招标文件要求提供了相应证明材料，评标委员会审查后予以认可。现有证据不足以证明联合体B提供虚假材料谋取中标。

其他应注意事项

（1）重大违法记录中"较大数额罚款"的认定标准。

（2）联合体资质应按各方分工确定。

相关依据

《中华人民共和国政府采购法》第二十二条、第二十四条

第二十二条　供应商参加政府采购活动应当具备下列条件：

（一）具有独立承担民事责任的能力；

（二）具有良好的商业信誉和健全的财务会计制度；

（三）具有履行合同所必需的设备和专业技术能力；

（四）有依法缴纳税收和社会保障资金的良好记录；

（五）参加政府采购活动前三年内，在经营活动中没有重大违法记录；

（六）法律、行政法规规定的其他条件。

采购人可以根据采购项目的特殊要求，规定供应商的特定条件，但不得以不合理的条件对供应商实行差别待遇或者歧视待遇。

第二十四条　两个以上的自然人、法人或者其他组织可以组成一个联合体，以一个供应商的身份共同参加政府采购。

以联合体形式进行政府采购的，参加联合体的供应商均应当具备本法第二十二条规定的条件，并应当向采购人提交联合协议，载明联合体各方承担的工作和义务。联合体各方应当共同与采购人签订采购合同，就采购合同约定的事项对采购人承担连带责任。

《中华人民共和国政府采购法实施条例》第十九条

第十九条　政府采购法第二十二条第一款第五项所称重大违法记录，是指供应商因违法经营受到刑事处罚或者责令停产停业、吊销许可证或者执照、较大数额罚款等行政处罚。

供应商在参加政府采购活动前3年内因违法经营被禁止在一定期限内参加政府采购活动，期限届满的，可以参加政府采购活动。

《政府采购质疑和投诉办法》（财政部令第94号）第二十九条、第三十二条

第二十九条　投诉处理过程中，有下列情形之一的，财政部门应当驳回投诉：

（一）受理后发现投诉不符合法定受理条件；

（二）投诉事项缺乏事实依据，投诉事项不成立；

（三）投诉人捏造事实或者提供虚假材料；

（四）投诉人以非法手段取得证明材料。证据来源的合法性存在明显疑问，投诉人无法证明其取得方式合法的，视为以非法手段取得证明材料。

第三十二条　投诉人对采购过程或者采购结果提起的投诉事项，财政部门经查证属实的，应当认定投诉事项成立。经认定成立的投诉事项不影响采购结果的，继续开展采购活动；影响或者可能

影响采购结果的,财政部门按照下列情况处理:

(一)未确定中标或者成交供应商的,责令重新开展采购活动。

(二)已确定中标或者成交供应商但尚未签订政府采购合同的,认定中标或者成交结果无效。合格供应商符合法定数量时,可以从合格的中标或者成交候选人中另行确定中标或者成交供应商的,应当要求采购人依法另行确定中标、成交供应商;否则责令重新开展采购活动。

(三)政府采购合同已经签订但尚未履行的,撤销合同。合格供应商符合法定数量时,可以从合格的中标或者成交候选人中另行确定中标或者成交供应商的,应当要求采购人依法另行确定中标、成交供应商;否则责令重新开展采购活动。

(四)政府采购合同已经履行,给他人造成损失的,相关当事人可依法提起诉讼,由责任人承担赔偿责任。

投诉人对废标行为提起的投诉事项成立的,财政部门应当认定废标行为无效。

专家解读[①]

专业分工,互通有无,供应商组成联合体投标彰显"团结的

[①] 《联合体投标:正确组合,方得始终》,载于《中国政府采购报》2020年3月17日专家采访。

力量"。但实践中,当事人错误把握联合体投标的组成要件,错失"抱团优势",反倒与中标机会擦肩而过。

(一)联合体组成的条件

第三批政府采购行政裁决指导性案例的法律顾问郑梅清指出,政府采购引入联合体的一个主要原因在于在一个供应商难以独立完成采购项目时,允许有同类资质的供应商组成联合体共同参与,达到优势互补甚至是强强联合的目的,以保障采购质量。

然而,联合体并不可以任意组合、肆意作为。据广西财政厅政府采购监督管理处处长黄钢平介绍,《中华人民共和国政府采购法》第二十四条明确规定了供应商组成联合体投标需具备的条件,实践中要适当把握。联合体投标要具备以下四要素:

一是基础条件。联合体各方应符合《中华人民共和国政府采购法》第二十条对供应商的界定,即供应商是指向采购人提供货物、工程或者服务的法人、其他组织或者自然人。

二是资格条件。参与政府采购活动的供应商,应当具备《中华人民共和国政府采购法》第二十二条规定的条件,供应商组成联合体投标同样要具备这些条件。其联合体各方都应当符合该条件,这也是本案例着重强调的。结合本案例,因组成联合体的一方存在重大违法记录,依照《中华人民共和国政府采购法》第二十二条、第二十四条第二款的规定,该联合体不再具备参加政府采购活动的条件。

三是数量要求。两个以上的供应商可以组成一个联合体。依据《中华人民共和国政府采购法实施条例》第二十二条第二款规定,以联合体形式参加政府采购活动的,联合体各方不得再单独参加或者与其他供应商另外组成联合体参加同一合同项下的政府采购活动。

四是一个身份。两个以上的供应商组成一个联合体后,是以一个供应商的身份共同参加政府采购的。关键是要理解以一个供应商的身份共同参加政府采购。因为关系到利益共享、损失共担的问题,所以组成了联合体之后,联合体中的所有供应商就是利益共同体,就应该是"有福共享,有难同当"。如果认为其权益受到损害,需要质疑或投诉时,也必须是以一个供应商的身份共同提出,而不能只是联合体的某一方提出质疑或投诉。因为权益受损的是联合体各方,所以要质疑投诉就必须共同提出,特别是投诉。《政府采购质疑和投诉办法》(财政部令第94号)第九条已明确规定,以联合体形式参加政府采购活动的,其投诉应当由组成联合体的所有供应商共同提出。另外,联合体各方应当共同与采购人签订采购合同,就采购合同约定的事项对采购人承担连带责任。

除上述基本条件外,郑梅清还指出,实践中,政府采购项目更需要的是按专业分工、优势互补的联合体,需要联合体拥有其他一些特定条件。但如果要求联合体各方必须全部满足特定条件,可能会因为要求过高导致采购活动难以进行，联合体投标也将失去意义。因此，采购人需要在采购文件中明确：联合体各方均应满足资格条件，而特定条件适用于分工承担某一专业工作的联合体成员。

（二）牵头方的确定方案

术业有专攻，分工要合理，牵头另规定。黄钢平指出，"联合体应当向采购人提交联合协议，并载明联合体各方承担的工作和义务"。结合本案例，投诉事项中涉及"牵头方"这一概念。

据了解，我国法律法规对联合体"牵头方"的规定较少，现行政府采购法律法规并没有对联合体中的"牵头方"作出明确界定，仅《工程建设项目施工招标投标办法》第四十四条提出，联合体各方应当指定牵头人，授权其代表所有联合体成员负责投标和合同实施阶段的主办、协调工作，并应当向招标人提交由所有联合体成员法定代表人签署的授权书。其第四十五条还提出，联合体投标的，应当以联合体各方或者联合体中牵头人的名义提交投标保证金。以联合体中牵头人名义提交的投标保证金，对联合体各成员具有约束力。

黄钢平表示，"个人认为，只要组成联合体的各方按自愿原则推荐或确定其中一个供应商作为他们的'牵头方'就可以，一般会推荐实力相对雄厚、影响力相对较大、业绩相对较好的公司。按惯例，作为联合体中的'牵头方'应当承担组织者的职责，肩负更多的责任"。

郑梅清也认为，市场主体依法自主经营，有权决定是否组成联合体，也有权约定各方承担的工作和相应的责任，而不受外界干预或限制。在确定"牵头方"时，联合体成员可以根据项目情况以及各自特点，协商确定合适的主体负责投标和合同实施阶段的主办、协调工作，但需在联合协议中予以明确。同时，"牵头方"无权代表联合体成员与采购人签订采购合同。

（三）信息公开的既定法则

信息公开一直是政府采购的重要环节。《政府采购货物和服务招标投标管理办法》（财政部令第87号）第六十九条第二款规定：中标结果公告内容应当包括采购人及其委托的采购代理机构的名称、地址、联系方式，项目名称和项目编号，中标人名称、地址和中标金额，主要中标标的的名称、规格型号、数量、单价、服务要求，中标公告期限以及评审专家名单。

《财政部关于做好政府采购信息公开工作的通知》（财库〔2015〕135号）规定，中标、成交结果公告的内容应当包括采购人和采购代理机构名称、地址、联系方式；项目名称和项目编号；中标或者成交供应商名称、地址和中标或者成交金额；主要中标或者成交标的的名称、规格型号、数量、单价、服务要求或者标的的基本概况；评审专家名单。协议供货、定点采购项目还应当公告入围价格、价格调整规则和优惠条件。采用书面推荐供应商参加采购活动的，还应当公告采购人和评审专家的推荐意见。

黄钢平介绍道，"本案例中，投诉事项（1）涉及中标供应商联合体B各方相关信息不完整的问题。政府采购的信息公开应当遵循政府采购法律法规和相关制度的规定，公开的内容应当完整、真实、合法。联合体参与政府采购活动的信息与其他参与政府采购活动的供应商一样，采购活动过程中公开的信息内容应当一致"。黄钢平表示，关于中标人名称、地址，对联合体来说，应当包括其所有组成成员的名称、地址。而本案例在公告中标联合体供应商时，只公示了其组成成员之一的名称，系公告内容不完整，与相关规定不符。虽然是由于当地政府采购网上公开信息系统尚未完善造成，但在代理机构收到其他供应商的质疑后，未依法及时采用发布更正公告的形式公布中标供应商联合体B的相关信息，而是采取书面告知其联合体B各方成员的信息，系采购代理机构未依法处理质疑问题，影响到政府采购当事人对中标结果的判断并导致对质疑答复不满，从这一方面看，也反映出某些代理机构对政府采购法律法规及制度不熟悉、执行政策不到位的问题。

（四）较大数额罚款的界定

实践中，总有人对较大数额罚款识别不清、判断不准。《中华人民共和国行政处罚法》第四十二条规定，行政机关作出责令停产停业、吊销许可证或者执照、较大数额罚款等行政处罚决定之前，应当告知当事人有要求举行听证的权利；当事人要求听证的，行政机关应当组织听证。这种当事人有要求举行听证权利的行政处罚，即是政府采购活动中供应商的重大违法记录。

郑梅清表示，"对于较大数额罚款的标准，各地方、各部门的规定有所不同。地方上按照各省、自治区、直辖市人大常委会或者人民政府规定的具体标准执行。因此，在判断是否属于较大数额罚款时，要根据具体执行地的规定和具体行政处罚案件的实际情况确定"。

此外，黄钢平强调，财政部门在处理政府采购投诉、举报案件时，对较大数额罚款的两种情形要注意把握。

第一种情形是：投诉或举报某供应商有较大数额罚款的行政处罚，不具备参与政府采购活动的条件。此情形下，财政部门应通过调证、查阅处罚地的听证标准等，从而准确作出是否属于较大数额罚款的判断或认定。

第二种情形是：各地财政部门在处理投诉或举报后对供应商的违法行为实施监督检查，对违法事实清楚的，在确定给予的行政处罚是否属于较大数额罚款时，要按照当地规定的标准执行，属于较大数额罚款标准的，要按照《中华人民共和国行政处罚法》第四十二条规定，告知当事人有要求听证的权利，当事人要求听证的，应当举行听证。